L'homme qui s'est perdu

H. De Vere Stacpoole

Writat

Cette édition parue en 2023

ISBN : 9789359253121

Publié par
Writat
email : info@writat.com

Contenu

PARTIE I

HAPITRE I

JONES

C'était le premier juin, et Victor Jones de Philadelphie était assis dans le salon de l'hôtel Savoy de Londres, vaincu lors de sa première grande bataille contre ce que nous appelons la vie.

Bien qu'il soit originaire de Philadelphie, Jones n'était pas américain et n'avait pas non plus l'accent américain. Né en Australie, il avait commencé sa vie dans une banque à Melbourne, était parti en Inde pour une maison de commerce, s'était lancé à son compte, avait échoué et était devenu un Rolling Stone. Philadelphie fut sa dernière étape.

Sans fondement financier, Victor et un gentleman de Philadelphie étaient en compétition pour un contrat visant à fournir au gouvernement britannique des entretoises, des boulons et des poutres en acier harvéisé ; il était venu à Londres pour faire avancer les affaires ; il avait interviewé des hommes portant des chapeaux de cuivre, des hommes lents qui l'avaient confié à des hommes plus lents. La Stringer Company, ainsi qu'il se surnommait, ainsi qu'Aaron Stringer, qui l'avait financé pour le voyage, avaient perdu trois semaines sur cette affaire, et ce matin, leur offre avait été rejetée. Les Hardmans, les habitants de Pittsburg, avaient reçu l'ordre.

Ce fut un vilain coup. Si lui et Stringer avaient pu obtenir le contrat, ils auraient pu le mener à bien, Stringer aurait remis l'affaire entre les mains de Laurenson de Philadelphie, et leur commission aurait été énorme, un trait de plume du gouvernement britannique aurait rempli leurs poches; à défaut, ils étaient en faillite. Au moins Jones l'était.

Et vous direz à juste titre, considérant que toute cette affaire n'était qu'un gigantesque bluff – enfin, peut-être, mais au nom de ce bluffeur, je dirais qu'il a tout risqué sur une seule affaire, et que ce n'était pas un petit échec de sa part. le sien, mais un désastre, nu et complet.

Il avait moins de dix livres en poche et il devait de l'argent au Savoy. Vous voyez, il avait prévu de faire toutes ses affaires en une semaine, et si cela échouait — idée à laquelle il n'envisageait guère — de rentrer en troisième classe aux États-Unis. Il n'avait pas prévu les terribles dépenses de Londres, ni le retard de trois semaines.

Hier, il avait envoyé un télégramme à Stringer pour obtenir des fonds et avait reçu en réponse : « J'attends des nouvelles du contrat. »

Stringer était ce genre d'homme.

Il pensait à Stringer maintenant, alors qu'il était assis à regarder les invités du Savoy, Américains et Anglais, des gens bien n'ayant pas de soucis d'argent, c'est ce qu'il avait imaginé. Il pensait à Stringer et à sa propre position, avec moins de dix livres en poche, une note d'hôtel sans reçu et trois mille milles d'eau profonde entre lui et Philadelphie.

Jones avait vingt-quatre ans. Il en paraissait trente. Un individu au visage sérieux et cadavérique, que, après trois suppositions, vous auriez jugé comme étant un ministre écossais libre du Kirk en mufti ; un acteur dans la ligne mélodramatique ; une manivelle alimentaire. Ce sont les trois métiers les plus sérieux au monde.

En réalité, il avait commencé sa vie, comme nous l'avons dit précédemment, dans une banque, s'était formé aux mathématiques et aux méthodes commerciales supérieures, par correspondance et, dans le but de devenir millionnaire, avait quitté la banque et s'était lancé dans le grand océan déchaîné. du travail.

Il avait entrevu la vérité. Vu le fait que l'art de vivre n'est pas tant de travailler soi-même que de faire travailler les autres pour soi, de convertir par sa propre énergie mentale, l'énergie corporelle des autres en produits ou actions. Si ce contrat gouvernemental avait été conclu, il aurait, et à son propre profit, fait tourner mille marteaux, rouler une douzaine d'aciéries, vingt navires chargés, des marteaux, des moulins et des navires qu'il n'avait jamais vus, qu'il ne verrait jamais.

C'est là la magie des affaires, et quand vous voyez des villes rugissantes et des quais bourdonnants, quand vous lisez des récits de batailles qui font rage, vous voyez et lisez le travail d'un nombre relativement restreint d'hommes, des messieurs qui portent des redingotes, qui n'ont jamais manipulé une affaire. balle, ou portait un fusil, ou dirigeait un navire de ses propres mains. Magiciens !

Il commanda un whisky et un soda à un employé de passage, pour l'aider à réfléchir davantage à Stringer et à sa propre situation horrible, et il prenait le verre du plateau lorsqu'un homme très bien habillé de son âge et de sa constitution, qui était entré par le Un passage menant au bar américain attira son attention.

Le visage de cet homme lui parut assez familier, à tel point qu'il tressaillit sur sa chaise comme s'il allait se lever et le saluer. L'étranger, lui aussi, parut un instant soumis à la même obsession, mais seulement un instant ; il fit une demi-arrêt puis s'éloigna, se perdant de vue derrière les palmiers de l'entrée. Jones s'appuya contre le dossier de sa chaise.

« Maintenant, *où* ai-je déjà vu ce type ? » se demanda-t-il. « Où diable l'ai-je rencontré ? et il m'a reconnu… où dans… où dans… où dans… ?

Sa mémoire cherchant vaguement et en vain le nom correspondant à ce visage était en faute. Il termina son whisky, son soda et se leva, puis s'éloigna sans trop se soucier de la direction, jusqu'à ce qu'il atteigne le kiosque à livres et à journaux où il s'arrêta pour inspecter les marchandises, feuilletant les pages du dernier best-seller sans s'imprégner d'un mot de le texte.

Puis il se retrouva en bas, au bar américain, avec un cocktail au champagne devant lui.

Jones était en général un homme sobre, mais il avait un système nerveux très tendu et il avait été mis à rude épreuve. Le whisky et le soda inhabituels l'avaient pris en charge, le réconfortaient et guidaient ses pas, et maintenant le gérant du bar, une personne enjouée, combiné au cocktail au champagne, la plus joyeuse des boissons, lui remontait tellement le moral et réchauffait son optimisme, que , ayant fini son verre, il le poussa sur le comptoir et dit : « Donnez-m'en un autre. »

A ce moment, un monsieur qui venait d'entrer dans le bar s'approcha du comptoir, y posa une demi-couronne et se vit servir par l'assistant du barman un verre de xérès.

Jones, se retournant, se retrouva face à face avec l'étranger qu'il avait vu dans le salon, l'étranger dont il connaissait le visage mais dont il ne se souvenait absolument pas du nom.

Jones était une personne directe, habituée aux voyages et aux rencontres fortuites. Il n'est pas resté en retrait.

« Excusez-moi », dit-il. "Je t'ai vu dans le salon et je suis sûr de t'avoir rencontré quelque part ou ailleurs, mais je n'arrive pas à te situer."

CHAPITRE II

L'ÉTRANGER

L'étranger, prenant sa monnaie des mains de l'assistant du barman, rit.

« Oui, dit-il, vous m'avez déjà vu souvent, je pense. Voulez-vous dire que vous ne savez pas où ?

"Non," dit Jones - il avait acquis quelques expressions idiomatiques américaines - "Je suis clair hors de mon calcul - êtes-vous Américain?"

"Non, je suis anglais", répondit l'autre. "C'est très curieux, tu ne me reconnais pas, eh bien, eh bien, asseyons-nous et causons, peut-être que la mémoire te reviendra... laisse-lui le temps, il est plus facile de penser assis que debout."

Alors que Jones se tournait pour s'asseoir à la table indiquée par l'étranger, il remarqua que le barman et son assistant le regardaient comme s'il était soudainement devenu un objet d'intérêt plus qu'ordinaire.

La subtilité de l'expression du visage humain est incontestée, et les visages de ces personnes donnaient à Jones l'impression que l'intérêt qu'il avait soudainement suscité dans leur esprit avait un lien avec l'humour.

Mais quand il regarda de nouveau, après s'être assis, ils lavaient tous deux des verres avec la solennité des croque-morts.

"Je pensais que ces gars se moquaient de moi", a déclaré Jones, "il semble que j'avais tort, et c'est tant mieux pour eux - eh bien, maintenant, allons au fond de cet enchevêtrement - qui êtes-vous, de toute façon ?"

"Juste un ami", répondit l'autre, "je vais te dire mon nom tout à l'heure, seulement je veux que tu réfléchisses par toi-même. Parlez de vous et peut-être y arriverez-vous. Qui es-tu?"

« Moi, s'écria Jones, je suis Victor Jones de Philadelphie. Je suis le partenaire d'une mouffette du nom de Stringer. Je suis victime d'un gouvernement britannique qui ne connaît pas la différence entre le fer blanc et l'acier harvéisé. Je suis un homme sur les rochers.

Les vannes de sa colère se sont ouvertes et tout est ressorti, y compris le fait de sa propre position désespérée.

Quand il eut fini, la seule remarque de l'inconnu fut :

"Prenez-en un autre."

"Pas sur ta vie", s'écria Jones. « Je devrais faire des recherches pour le consul ou quelque part pour obtenir mon passage vers les États-Unis… eh bien… je ne sais pas. Non, plus de cocktails. Je prendrai un sherry, comme toi.

Le xérès ayant été expédié, l'étranger se leva, refusant à ce moment-là un verre en retour.

"Viens dans le salon avec moi", dit-il, "je veux te dire quelque chose que je ne peux pas te dire ici."

Ils montèrent les escaliers, l'étranger en tête, Jones le suivant, légèrement confus dans son esprit mais plein de chaleur au cœur, et avec une entrain d'esprit au-delà de l'expérience. Stringer a été oublié, le gouvernement britannique a été oublié, les contrats, les notes d'hôtel, les voyages en direction des États-Unis, tout cela a été oublié. La chaleur, les chambres somptueuses et les lampes dorées du Savoy suffisaient pour le moment, et alors qu'il se laissait tomber dans un fauteuil et allumait une cigarette, même son intérêt pour l'étranger et ce qu'il avait à dire s'estompa un instant. et diminué par les vapeurs qui remplissaient son cerveau et la facilité qui enveloppait ses sens.

« Ce que j'ai à dire, c'est ceci », dit l'étranger en se penchant en avant sur sa chaise. « Quand je vous ai vu ici il y a quelque temps, je vous ai immédiatement reconnu comme une personne que je connaissais, mais, comme vous le dites, je n'ai pas pu vous situer. Mais quand je suis entré dans le hall principal, un miroir me l'a immédiatement dit. Vous êtes, pour le dire franchement, mon image jumelle.

"Je vous demande pardon", a déclaré Jones, le mot image brisant sa complaisance. « Votre jumeau, qu'en dites-vous ? »

"Image, ressemblance, contrepartie - je ne veux pas vous offenser - retournez-vous et regardez ce miroir derrière vous."

Jones l'a fait et a vu l'étranger, et l'étranger, c'était lui-même. Les deux hommes appartenaient à un type assez commun, mais la ressemblance allait bien au-delà : ils étaient identiques. Les mêmes cheveux et la même couleur de cheveux, les mêmes traits, la même forme de tête, les mêmes oreilles et la même couleur des yeux, la même expression sérieuse du visage.

La ressemblance absolue entre deux êtres humains est presque aussi rare que la ressemblance absolue entre deux cailloux sur une plage, et pourtant elle se produit, comme dans le cas de M. de Joinville et d'autres bien connus et confirmés, et quand je dis ressemblance absolue, j'entends ressemblance. si complet qu'une connaissance proche ne peut pas distinguer la différence entre les doublons. Quand la nature fait un tel tour, elle le fait à fond, car on l'a remarqué - mais plus particulièrement dans le cas des jumeaux - la ressemblance inclut la voix, ou du moins son timbre, le cartilage thyroïde et les cordes vocales suivant la loi mystérieuse. qui régit la duplication.

La voix de Jones et celle de l'étranger auraient pu être les mêmes en ce qui concerne la hauteur et le timbre, la seule différence résidait dans l'accent, et c'était léger.

"Eh bien, je suis ddd—", a déclaré Jones.

Il se tourna vers l'autre puis revint vers le miroir.

"Extraordinaire, n'est-ce pas ?" dit l'autre. « Je ne sais pas si je dois m'excuser auprès de vous ou auprès de moi. Je m'appelle Rochester.

Jones se détourna du miroir, les deux cocktails au champagne, le whisky et le sherry accommodaient son cerveau inhabituel pour supporter cette situation des plus inhabituelles. La chose lui paraissait d'un humour radieux, mais s'il l'avait su, il y avait très peu d'humour dans cette affaire.

"Nous devons célébrer cela", a déclaré Jones, appelant un préposé et lui donnant des ordres explicites quant aux moyens à prendre.

CHAPITRE III

DÎNER ET APRÈS

Une petite bouteille de Böllinger était le moyen, et la célébration était principalement assurée par Jones, car il arriva que cet étranger, Rochester, tout en buvant peu lui-même, parvenait par une certaine méthode à suivre en gaieté et en conséquence d'esprit les autres. , bien que de temps en temps il s'écartait du sujet, comme un navire sans timonier s'éloigne du vent, et tombait un instant dans ce qu'un observateur attentif aurait pu considérer comme l'abattement fondamental de sa véritable nature.

Cependant, ces écarts n'étaient que momentanés et ne gênaient en rien la gaieté de son compagnon, qui, ayant trouvé un ami au milieu de la solitude de Londres, et son image jumelle dans la personne de cet ami, se déversait maintenant. il ouvrit son cœur sur toutes sortes de sujets, revenant toujours, et avec la régularité d'un pendule, au fait de la ressemblance, à la même question et à la même déclaration.

« Qu'est-ce que c'est, ton nom ? Rochester! eh bien, sur mon âme, cela me bat.

Bientôt, le Bollinger terminé, Jones se retrouva à l'extérieur du Savoy avec ce nouvel ami, marchant dans le Strand éclairé au gaz, puis, sans aucune transition mémorable, il se retrouva assis à dîner dans une salle privée d'un restaurant français de Soho.

Ensuite, il se souvint très clairement de certaines parties de ce dîner. Il se souvenait du poulet et de la salade, ainsi que d'une omelette au rhum, dont il avait ri parce qu'elle était en feu. Il se souvenait de la gaieté de Rochester et d'une sorte de farce jouée au serveur par Rochester et se terminant par des assiettes brisées - il se souvenait d'avoir remontré avec ce dernier sa conduite sauvage. Il se souvint de ces choses par la suite, ainsi que de quelques autres – d'un endroit comme le Paradis – qui était le Leicester Lounge, et d'un endroit comme l'autre endroit qui était Leicester Square.

Une dispute avec un étranger, à propos de ce qu'il ne pouvait pas dire, un taxi dans lequel il était assis écoutant la voix de Rochester donner des instructions au chauffeur, des instructions minutieuses quant à l'endroit où lui, Jones, devait être conduit.

Une salle éclairée par une lampe et des escaliers vers lesquels on le conduisait.

Rien de plus.

CHAPITRE IV

TERRASSE DE LA MAISON CARLTON

Il se réveilla dans le noir, l'esprit clair comme du cristal et une honte brûlante lui serrant la gorge. Rochester fut le premier souvenir qui lui vint, et ce fut un souvenir teinté de mal. Il se sentait comme un homme qui aurait soupé avec le diable. Dirigé par Rochester, il s'était ridiculisé, il s'était fait une brute, comment affronterait-il les gens de l'hôtel ? Et qu'avait-il fait du reste de son argent ?

Ces pensées le retinrent immobile pendant quelques instants terribles. Puis il porta la main à sa malheureuse tête, se tourna sur le côté et resta à regarder dans l'obscurité. Tout lui était revenu clairement. La conduite sauvage de Rochester, le dîner, les assiettes brisées, la querelle. Il avait peur de se lever et de fouiller dans ses poches, il devinait leur état. Il s'occupa plutôt, essayant d'imaginer ce qu'il adviendrait de lui sans argent et sans amis dans ce désert de Londres. Avec dix livres, il aurait pu faire quelque chose ; sans, que pourrait-il faire ? Rien, à moins qu'il ne s'agisse de travail manuel, et il ne savait pas où chercher cela.

Puis Rochester, jamais sorti de son esprit, apparut plus pleinement devant lui : cette ressemblance était-elle réelle, ou n'était-elle qu'une illusion d'alcool ? Et qu'avait fait Rochester d'autre ? Il semblait assez fou pour avoir fait n'importe quoi, un fou de prune. Lui, Jones, serait-il tenu responsable des actes de Rochester ? Il se débattait avec cette question lorsqu'une horloge commença à sonner dans l'obscurité et près du lit, neuf coups délicats et argentés, qui provoquèrent une sueur soudaine sur le front de Jones.

Il n'était pas dans sa chambre au Savoy. Il n'y avait pas d'horloge dans la chambre du Savoy, et aucune horloge dans aucun hôtel n'avait jamais parlé avec des tons pareils. Au son, comme s'il venait d'un passage extérieur, il entendit une voix :

"Il a pris tout son argent et l'a renvoyé chez lui dans les vêtements d'un autre type."

Puis vint le bruit d'un pas doux traversant le tapis, le bruit des anneaux de rideaux qui bougeaient, puis un store se releva laissant la lumière du jour sur une pièce jamais vue auparavant par Jones, une chambre à coucher jacobéenne, sévère, mais exquise dans chaque détail.

L'homme qui avait tiré le cordon aveugle, et dont le profil puissant se découpait à contre-jour, montrait au soleil un visage haut mais uniformément coloré, comme par la douce peinture du vieux porto, à travers une longue série d'années et d'ancêtres. La couleur typique du juge, de l'évêque et du majordome anglais à l'ancienne.

Il était vêtu d'une jaquette noire, et toute sa physionomie, sa constitution, sa constitution et son apparence avaient quelque chose de grave et d'archiépiscopal qui attirait le plus l'œil et l'imagination.

Cela terrifia Jones, qui, respirant maintenant comme s'il dormait, regardait à travers les paupières fermées pendant que l'apparition, les lèvres pincées, s'occupait du store de l'autre fenêtre.

Ceci fait, il passa jusqu'à la porte, conféra à voix basse avec quelque personne invisible, et revint portant à la main un service à thé en porcelaine du petit matin.

Après l'avoir posé sur la table près du lit, l'apparition disparut en fermant la porte.

Jones se redressa et regarda autour de lui.

Ses vêtements avaient disparu. Il accrochait toujours son pantalon au montant du lit au pied de son lit et plaçait ses autres affaires sur une chaise, mais les pantalons ou autres objets n'étaient visibles nulle part, ils avaient été emportés. C'est à ce moment qu'il remarqua le magnifique pyjama en soie qu'il portait. Il tendit le bras et regarda la texture et le motif.

Puis, en un éclair, le réconfort et la compréhension sont venus. Il était dans la maison de Rochester. Rochester a dû l'envoyer ici hier soir. Cette apparition était le serviteur de Rochester. La vision de Rochester passa d'un mauvais esprit à un ange, et remplie d'une chaleureuse sensation d'amitié envers ledit Rochester, il était en train de verser une tasse de thé, lorsque les mots qu'il avait entendu prononcer dans le passage extérieur lui parvinrent. revenons à lui.

"Il a pris tout son argent et l'a renvoyé chez lui dans les vêtements d'un autre type."

Qu'est-ce que ça voulait dire ?

Il finit de verser le thé et le but ; il y avait du pain fin et du beurre dans une assiette mais il n'en fit pas attention. À qui avait-on pris l'argent et qui avait-il été renvoyé chez lui dans les vêtements d'un autre type ?

Ces mots s'appliquaient-ils à lui ou à Rochester ? Rochester avait-il été volé ? Jones, pourrait-il être tenu pour responsable ?

Un profond malaise et un désir passionné pour ses vêtements, nés de ces questions, le firent sortir du lit et le faire tomber sur le sol. Il s'approcha de la fenêtre la plus proche et regarda dehors. La fenêtre donnait sur le Green

Park, une vue joyeuse sous le ciel d'un parfait matin d'été. Il se détourna de la fenêtre et, traversant la pièce, ouvrit la porte par laquelle l'apparition avait disparu. Dehors s'étendait un couloir recouvert d'une moquette épaisse, un couloir silencieux comme l'hypogée des Apis, secret, magnifique, avec des rideaux de soie à pompons et des lampes suspendues. Jones estimait que ces lampes étaient en argent et valaient mille dollars pièce. Il avait lu les Mille et Une Nuits lorsqu'il était enfant, et comme une bouffée du jardin d'Aladdin vint un vague quelque chose qui agitait ses sens et troublait sa nature pratique. Il voulait ses vêtements. Cette beauté silencieuse avait élevé le désir de ses vêtements au rang de passion. Il voulait se mettre à sa place, affronter le monde et affronter le pire. Des lampes oscillantes en argent, des tapis moelleux, des rideaux de soie ne faisaient qu'accroître sa sensibilité quant à son habillement et à sa position générale.

Il revint dans la pièce. Sa colère commençait à monter, la colère nerveuse d'un homme qui s'est ridiculisé, à qui on se moque et qui se trouve dans une fausse position.

Apercevant un bouton électrique près de la cheminée, il s'y dirigea et appuya dessus deux fois, fort, puis il ouvrit la deuxième porte de la pièce et trouva une salle de bain.

Une salle de bain pompéienne avec sol à pompons, murs et plafond en marbre. La baignoire était encastrée dans le sol. Sur des conduites d'eau chaude plaquées d'argent, pendaient des serviettes en bois, des serviettes blanches à franges rouge cardinal. Ici aussi, ce qui n'était pas Pompéien, c'était une magnifique coiffeuse, une solide dalle de verre, avec des rasoirs, des instruments de manucure, des pinceaux, des pots de poudre, des flacons de parfum.

Jones entra dans cet endroit, en fit le tour comme un chat dans un garde-manger étrange, jaugea la profondeur du bain, jeta un coup d'œil aux objets sur la table et était en train de ramasser un des ustensiles de manucure, lorsqu'un bruit provenant de la chambre à coucher a attiré son attention.

Quelqu'un circulait là-bas.

Quelqu'un qui semblait modifier la position des chaises et arranger les choses.

Il jugea que c'était le domestique qui avait sonné ; il estimait qu'il valait mieux sortir cette affaire maintenant et en finir avec cela. Il voulait une explication complète, et courageusement, mais avec les sentiments d'un homme qui entre dans un cabinet dentaire, il s'est dirigé vers la porte de la salle de bain.

Un jeune homme au visage pâle et à l'air agile, aux cheveux noirs brillants, un jeune homme vêtu d'un gilet à manches, un jeune homme portant une chemise et un ensemble de sous-vêtements en soie rose sur son bras gauche, était en train de placer une paire de chaussures en cuir verni. des bottes avec des hauts pour enfants sur le sol. Une magnifique robe de chambre reposait sur le lit. Il avait visiblement été placé là par l'agile.

Jones avait eu l'intention de demander des explications. Cette intention s'est, d'une manière ou d'une autre, ratatinée dans l'acte de parole. Ce qu'il a prononcé était une demande très légèrement formulée.

"Euh, puis-je avoir mes vêtements, s'il vous plaît?" dit Jones.

"Oui, mon Seigneur", répondit l'autre. "Je les place dehors."

La colère instantanée suscitée par le fait évident qu'il était en train d'être harcelé par la deuxième apparition fut tout aussi instantanément réprimée par le souvenir de Rochester. Voici une autre farce. Cette maison appartenait évidemment à Rochester – tout était clair. Eh bien, il montrerait à cet esprit rusé comment il pouvait prendre une blague et la retourner contre son créateur. Comme Brer Rabbit, il était déterminé à faire profil bas.

Il se retira dans la salle de bain et s'assit sur la chaise à fond en jonc près de la table, son tempérament lové et prêt à s'envoler comme un ressort. Il était assis ainsi, courbant ses orteils et soignant sa détermination, lorsque l'Agile, avec une gravité absolue qui désarmait toute colère, entra avec la robe de chambre. Il le tint debout et Jones, se levant, l'enfila. Puis l'AO remplit le bain, vérifiant la température avec un thermomètre, et tellement absorbé par ses affaires qu'il aurait pu être seul.

Le bain rempli, il quitta la pièce en fermant la porte.

Il avait jeté quelques cristaux dans l'eau, la parfumant d'un parfum parfumé et rafraîchissant, la température était parfaite, et tandis que Jones plongeait, se vautrait et gisait à moitié flottant, s'appuyant sur les rails argentés disposés à cet effet, l'idée lui vint. à lui que si la farce devait continuer aussi agréablement qu'elle avait commencé, lui, pour sa part, ne se plaindrait pas.

Apaisé par la chaleur, son esprit reprit une vision plus claire des choses.

Si c'était une plaisanterie de la part de Rochester, comme c'était certainement le cas, où en était le cœur ? Chaque blague a son cœur, et le cœur de celle-ci était de toute évidence la ressemblance entre lui et Rochester.

Si Rochester était un seigneur et si c'était sa maison, et si Rochester l'avait renvoyé – Jones – chez lui comme un paquet de marchandises, alors la ressemblance extraordinaire tromperait peut-être les serviteurs et peut-être d'autres personnes aussi. Ce serait une bonne blague, promettant toutes sortes de développements amusants. Seulement, ce n'était pas une blague que n'importe quel homme respectueux de lui-même ferait. Mais Rochester, d'après ces vagues souvenirs de ses pitreries, ne semblait pas accablé par le respect de soi. Dans ses derniers développements, il semblait assez fou pour tout.

S'il avait fait cela, alors les domestiques n'étaient pas dans l'affaire ; ils auraient l'illusion que lui, Jones, était Rochester, dopé, volé, habillé avec les vêtements d'un autre homme et renvoyé chez lui.

Rochester, arrivant plus tard dans la matinée, aurait un bon festin d'humour pour s'asseoir.

Cela semblait clair. Le farceur né venant de sa propre image de jumeau n'a pas pu résister à l'envie de l'utiliser. Cette explication a clarifié la situation, mais elle n'a pas rendu celle-ci confortable. Si les domestiques découvraient l' imposition avant l'arrivée de Rochester, les choses seraient désagréables. Il doit agir avec prudence, descendre et s'échapper des lieux le plus rapidement possible. Plus tard, il s'installera à Rochester. Les domestiques, s'ils n'étaient pas partenaires de la plaisanterie, l'avaient pris pour argent comptant, sa voix ne l'avait visiblement pas trahi. Il se sentait sûr de ce point. Il quitta le bain et, se séchant, enfila la robe de chambre. Du dentifrice et une brosse à dents étaient posés sur un plateau en verre, près d'un petit bassin muni de robinets d'eau chaude et froide, et maintenant, la constitution des hommes étant si étrange, les principaux faits de sa position furent éclipsés pendant une seconde par la considération qu'il n'avait pas d'argent. sa propre brosse à dents.

Juste cette petite chose a concentré son énergie et son irritation croissante.

Lui, ouvrit la porte de la chambre. Celui aux cheveux brillants mettait des liens dans les manches d'une chemise.

« Donnez-moi une brosse à dents, une neuve », dit Jones brusquement, presque brutalement. "Obtenez-le vite."

"Oui mon Seigneur."

Il laissa tomber la chemise et quitta la pièce rapidement, mais pas précipitamment, prenant soin de fermer doucement la porte derrière lui.

C'était la première indication pour Jones d'une méthode si complète et d'un mécanisme si parfaitement constitué, que les secousses étaient pratiquement éliminées.

« Je crois que si j'avais demandé un éléphant à ce type, se dit-il, il aurait agi de la même manière : ont-ils une pharmacie sur place ?

Ils avaient évidemment un stock de brosses à dents, car en moins d'une minute et demie, l'Expédition était revenue avec la brosse à dents sur un petit plateau laqué.

Maintenant, pour un homme habitué à s'habiller seul, c'est un choc de se voir tendre son caleçon pour qu'il puisse l'enfiler comme s'il était un petit garçon.

C'est arrivé à Jones – et ils étaient en soie rose.

Un pantalon de couleur sombre froissé et d'apparence absolument neuve lui fut présenté de la même manière. Il était autorisé à mettre ses propres chaussettes, en soie et jamais portées auparavant, mais il n'était pas autorisé à mettre ses propres bottes. Le parfait valet de chambre faisait cela à genoux devant lui, chausse-pied et boutonnière à la main.

Après l'avoir intronisé dans un sous-gilet en soie rose et une chemise plissée douce, avec des liens dorés unis dans les manches, chaque bouton desdits liens ayant en son centre une petite perle noire, un col et une cravate en soie de couleur tamisée lui furent ajoutés. , également une veste de matinée noire et une jaquette noire, avec un galon assez large sur les bords.

Un mouchoir en batiste d'un blanc pur avec un petit monogramme également en blanc a ensuite été secoué et présenté.

Alors son valet de chambre, attentif, silencieux et semblant se mouvoir comme une horloge, se dirigea vers une table sur laquelle se trouvait un petit meuble en chêne. Ouvrant le meuble, il en sortit et posa sur la table une montre et une chaîne.

Ses devoirs étaient maintenant terminés et, selon une règle prescrite, il quitta la pièce avec précaution et doucement, fermant la porte derrière lui.

Jones prit la montre et la chaîne.

La montre était aussi fine qu'une pièce de cinq shillings, la chaîne n'était qu'un simple fil d'or. C'était une soirée, à porter avec des vêtements habillés, et ce fait présentait à l'esprit de Jones une confirmation de l'idée que, non seulement il était littéralement à la place de Rochester, mais que la montre et la chaîne ordinaires de Rochester n'étaient pas revenues.

Il s'assit un moment pour réfléchir à un autre point. Sa propre vieille chaîne Waterbury en or roulé, et les quelques lettres sans importance dans ses poches – où étaient-elles ?

Il décida de mettre cette affaire au clair immédiatement et sonna hardiment.

Le voiturier y répondit.

« Quand je suis revenu hier soir… euh… y avait-il quelque chose dans mes poches ? lui demanda-t-il.

« Non, mon Seigneur. Ils avaient tout pris dans les poches.

"Pas de montre ni de chaîne?"

"Non, mon Seigneur."

"Avez-vous les vêtements dans lesquels je suis revenu?"

"Oui mon Seigneur."

"Va les chercher."

L'homme disparut et revint une minute plus tard avec un paquet de vêtements soigneusement pliés sur son bras.

"M. Church m'a dit de les garder prudents, de peur que vous ne vouliez remettre l'affaire entre les mains de la police, mon Seigneur, c'est une vieille chose choquante.

Jones examina les vêtements. C'étaient les siens. Tout ce qu'il avait porté hier gisait là, et leur vue remplissait son esprit d'une nostalgie et d'un désir pour eux – un mal du pays et un mal des vêtements – au-delà de toute expression.

Il était absolument sûr, d'après l'attitude du valet de chambre, que les domestiques n'étaient pas « au courant ». Une folle impulsion lui vint de mettre dans ses confidences l'exposant de ces vestiges de son passé. Pour dire sans détour : « Je m'appelle Jones. Victor Jones de Philadelphie. Je ne suis pas un Seigneur. Tiens, donne-moi ces vêtements et laisse-moi m'en sortir – arrêtons-le.

Le mot « police » déjà tombé l'a retenu. C'était un imposteur. S'il devait déclarer les faits avant le retour de Rochester, quel pourrait être le résultat ? Quel que soit le résultat, une chose était sûre, ce serait désagréable. D'ailleurs, il n'était pas prisonnier, une fois en bas il pouvait quitter la maison.

Ainsi, au lieu de dire : « Je suis Victor Jones de Philadelphie », il a dit : « Emportez-les », et se retrouvant seul une fois de plus, il s'est assis pour réfléchir.

Rochester a dû fouiller dans ses poches, non pas pour le butin, mais dans le but d'en retirer tout article susceptible de jeter des soupçons ou de faire soupçonner que lui, Jones, n'était pas Rochester. Cela semblait assez clair, et il y avait une intention sérieuse dans ce fait qui était troublant.

Mais il ne servait à rien de réfléchir. Il descendrait et s'enfuirait. Il avait terriblement faim, mais il estimait que le Savoy était suffisant pour un repas de plus – s'il pouvait y arriver.

Laissant la montre et la chaîne, peu ambitieux d'ajouter une accusation de vol à ses autres ennuis, si le destin l'arrêtait avant le retour de Rochester, il descendit le couloir jusqu'à un palier donnant sur un escalier qui, à l'exception de la pente, , un carrosse et des chevaux auraient pu être conduits.

L'endroit était un palais. De vastes tableaux peints par de vieux artistes sombres, des tableaux d'hommes en armure, d'hommes en fraises, de femmes sans armure ni fraises, ou même un chiffon de mousseline, des tableaux valant sans aucun doute des millions de dollars, accrochés aux murs du palier et au mur qui l'entoure. cet escalier triomphal.

Jones regarda dans le puits du couloir, puis commença à descendre les escaliers.

Il avait eu l'intention, en trouvant un chapeau dans le hall, de l'enfiler et de faire un saut net vers la liberté et la lumière du ciel, de retourner au Savoy, de s'habiller d'un autre costume, et de nouveau lui-même, de partir pour Rochester, mais ce n'était pas une salle avec un porte-chapeaux et un porte-parapluies. Des chevaliers en armure le gardaient, ainsi qu'un larbin de six pieds de haut, vêtu d'une culotte de peluche rouge et avec des mollets qui auraient fait hurler de rire Victor Jones dans des conditions normales.

Le laquais, voyant notre ami, se dirigea vers une porte, l'ouvrit et la lui tint ouverte. Ne pas entrer dans la pièce ainsi indiquée aurait été assez possible, mais l'influence irrésistible de ce vaste larbin rendait cela impossible à Jones.

Sa volonté s'était enfuie, il était soumis à son environnement, pour l'instant conquis.

Il entra dans une salle de petit-déjeuner, claire et agréablement meublée, où, à une table de petit-déjeuner et devant une urne à thé en argent, était assise une dame d'une quarantaine d'années, au visage mince, au nez haut, aristocratique et plutôt fanée.

Elle lisait une lettre et lorsqu'elle aperçut l'arrivant, elle se leva de table et rassembla quelques autres lettres. Puis elle a littéralement quitté la pièce. Elle le regarda en passant, et il sembla à Jones qu'il n'avait jamais connu auparavant le sens complet du mot « mépris ».

Pendant une seconde folle, il crut que tout avait été découvert, que la police allait maintenant arriver. Puis il comprit immédiatement. Rien n'avait été découvert, l'illusion existait même pour cette femme, que ce regard était destiné à Rochester, pas à lui, et était provoqué par l'affaire de la nuit dernière, par d'autres choses aussi, peut-être, mais sûrement.

Mal à l'aise, en colère, nerveux, désireux de s'échapper, puis cédant à la prudence, il s'assit à la table où une place était prévue – évidemment pour lui.

La femme avait laissé une enveloppe sur la table, il y jeta un coup d'œil.

L'HONORABLE : VENETIA BIRDBROOK ,

10A, terrasse de la maison Carlton,

Victor lut l'inscription écrite d'une main féminine audacieuse.

Il lui disait où il se trouvait, il était dans la salle de petit-déjeuner du 10A Carlton House Terrace, mais il ne lui disait rien de plus.

L'honorable : Venetia Birdbrook était-il sa femme, ou du moins l'épouse de son image jumelle ? Cette pensée l'aveugla un instant sur le fait qu'un larbin - ils semblaient aussi nombreux que des mouches en mai - était à ses côtés avec un *menu* , tandis qu'un autre laquais, qui semblait surgi du sol, tripotait le buffet qui contenait des produits comestibles froids, de la langue, du jambon, du poulet, etc.

« Des œufs brouillés », dit-il en regardant la carte.

"Thé ou café, mon Seigneur?"

"Café."

Il cassa un petit pain et se servit machinalement du beurre, qui lui fut aussitôt présenté par le violoniste du buffet, et il venait de prendre machinalement une bouchée du petit pain beurré, lorsque la porte s'ouvrit et que l'archiépiscopal qui avait remonté sa fenêtre aveugle ce matin-là est entré. M. Church, car Jones avait déjà compris que c'était son nom, portait dans sa main droite un petit panier jaune rempli de lettres et dans sa gauche une grande gerbe, The Times, Daily Telegraph, Morning Post, Daily Mail, Daily Express. , Chronique et Nouvelles quotidiennes. Il plaça ces papiers sur une table d'appoint évidemment destinée à cet effet. Le petit panier à lettres qu'il a posé sur la table à côté du coude gauche de Jones.

Puis il se retira, non sans avoir murmuré quelques mots de correction au laquais près du buffet, qui avait sans doute omis quelque point du mystérieux rituel dont il était l'acolyte.

Jones jeta un coup d'œil à la lettre la plus haute.

LE COMTE DE ROCHESTER ,

10A, terrasse de la maison Carlton,

Londres, Sud-Ouest

Ah ! maintenant il le savait. Le vrai nom du jongleur qui lui avait joué ce tour. Il était clair aussi maintenant que Rochester l'avait envoyé ici comme remplaçant.

Mais la confirmation de son idée ne l'a pas apaisé. Au contraire, cela lui inspirait une vague inquiétude. Le sentiment d'être pris au piège l'envahit pour la première fois. La plaisanterie avait perdu toute apparence de couleur, la chose était sérieuse. Rochester aurait dû revenir avant cela pour mettre un terme à cette affaire. Est-ce qu'il lui était arrivé quelque chose ? Avait-il été emprisonné ?

Il n'a pas touché aux lettres. Sans éveiller les soupçons, agissant le plus naturellement possible en pair du royaume, il lui fallait s'échapper au plus vite de ce nid de larbins, et dans ce but il accepta les œufs brouillés qu'on lui présentait et le café. .

Quand ils eurent fini, il se leva de table. Puis il se souvint des lettres. Voici une autre petite cravate. Il ne pouvait pas les laisser intacts sur la table sans éveiller les soupçons. Il les sortit du panier et, les tenant à la main, quitta la pièce, l'homme qui attendait se glissait avant d'ouvrir la porte.

La salle était déserte, désertée par tous sauf les hommes en armure. Une chambre où il pût déposer les lettres infernales, et trouver une cloche pour aller chercher un domestique qui lui procurerait un chapeau, c'était la première nécessité du moment.

Il traversa une porte juste en face, l'ouvrit et trouva une pièce moitié bibliothèque moitié bureau, une pièce agréable utilisée pour le tabac, avec un tapis turc assez usé au sol, des fauteuils en forme de sacoche et un grand écritoire au fond. fenêtre, ouverte et montrant des casiers contenant du papier à notes, des enveloppes, des formulaires télégraphiques et un support contenant le ABC Railway Guide, Whitakers Almanac, Ruffs' Guide to the Turf, Who's Who et Kelly.

Des pipes étaient sur la cheminée, une boîte à cigares en argent et une boîte à cigarettes sur une petite table près d'un des fauteuils, des allumettes : rien ne manquait ici, et tout était du meilleur.

Il posa les lettres sur la table, ouvrit la boîte à cigares et en sortit un Ramon Alones. Une arme à bout contondant pour la destruction de la mélancolie et de l'agitation, longue de six pouces et demi et coûtant peut-être une demi-couronne. Un vrai cigare Havane. Aujourd'hui, à Londres, il n'y a que quatre endroits où vous pouvez vous procurer un véritable et parfait cigare Havane. Soit quatre magasins. Et dans ces quatre magasins – ou devrions-nous les appeler des grands magasins – seuls les clients connus et de confiance peuvent retrouver le soleil qui a brillé sur la Vuelta Abajos au cours de telle ou telle année parfaite.

Le représentant actuel du comte de Rochester le trouvait maintenant, avec peu de plaisir cependant, alors qu'il arpentait la pièce en prévision de sonner la cloche. Il s'approchait à cet effet du bouton électrique, lorsque le murmure faible et lointain d'une automobile, comme admis par une porte de couloir brusquement ouverte, arrêta sa main. Voici enfin Rochester. Il a attendu en écoutant.

Il n'attendrait pas longtemps.

La porte de la salle s'ouvrit brusquement et la femme à la table du petit-déjeuner se révéla. Elle était habillée pour sortir, portant un chapeau qui semblait avoir un mètre de diamètre et un boa de plumes, d'où son visage et son cou de poule s'élevaient pour couronner le triomphe du chapeau.

«Je vais chez maman», dit-elle. "Je ne reviendrai pas."

«Euh-euh», dit Jones.

Elle fit une pause. Puis elle entra et ferma la porte derrière elle.

Debout, le dos près de la porte, elle parla à Jones.

« Si vous ne pouvez pas voir votre propre conduite comme les autres la voient, qui peut vous y obliger ? Je ne parle pas de la disgrâce de la nuit dernière, même si Dieu sait que c'était déjà assez grave, je parle de *tout* , de votre pauvre femme qui vous aime toujours, de la succession que vous avez ruinée par votre conduite folle, de la compagnie que vous entretenez. , des insultes que vous avez proférées contre les gens — et maintenant vous ajoutez de la boisson au reste. C'est nouveau." Elle fit une pause.

"C'est nouveau. Mais je vous préviens, votre cerveau ne supportera pas *ça* . Vous connaissez aussi bien que moi la souillure de la famille, elle s'est manifestée dans vos actions. Eh bien, continuez à boire et vous finirez dans le chaos au lieu de l'atelier. Ils vous appellent « Mad Rochester » ; Tu le sais." Elle s'étouffa. « J'ai rougi d'être connue comme ta sœur. J'ai essayé de garder ma place ici et de te sauver. C'est fini. Elle se tourna vers la porte.

Jones avait pris sa décision. Il raconterait toute l'affaire. Ce Rochester était évidemment un très mauvais sort ; eh bien, il renverserait la situation maintenant.

«Regardez ici», dit-il. "Je ne suis pas l'homme que vous pensez que je suis."

« Tosh ! » s'écria la femme.

Elle ouvrit la porte, s'évanouit et la referma d'un coup sec.

"Eh bien, je suis foutu", dit Jones, pour la deuxième fois à propos de Rochester.

L'horloge de la cheminée indiquait onze heures moins le quart ; le faible bruit de la voiture avait cessé. La dame au boa à plumes était évidemment partie, et la maison avait repris son silence cloîtral.

Il attendit un moment pour s'en assurer, puis il entra dans le hall où un énorme larbin, un nouveau, plus curieux que les autres, se prélassait près de la porte.

"Mon chapeau", a déclaré Jones.

La chose s'envola et revint avec un chapeau en soie brillante, une canne à manche en écaille de tortue et une paire de gants neufs en daim d'une délicate couleur tourterelle. Puis il ouvrit la porte et Jones, mettant le chapeau sur sa tête, sortit.

Le chapeau lui a été ajusté, par pitié.

CHAPITRE V

LE POINT DE LA BLAGUE

En plein air et au soleil, il prit une profonde inspiration satisfaisante. Il avait l'impression de s'être échappé d'une cage pleine de singes. Des singes sous forme d'hommes, des créatures qui lui obéiraient servilement comme Rochester, mais qui, flairant la vérité, le mettraient en pièces.

Eh bien, il était à l'écart d'eux. Une fois de retour au Savoy, il rentrerait dans ses propres affaires, et une fois dans ses propres affaires, il frapperait. S'il ne parvenait pas à trouver un avocat pour défendre son dossier contre Rochester, il s'adresserait à la police. Oui, il le ferait. Rochester l'avait dopé, pris ses lettres, pris sa montre.

Jones n'était pas homme à porter de fausses accusations. Il savait qu'en prenant ses affaires, ce bouffon infernal l'avait fait, non pas pour le pillage, mais dans le but de faire croire aux domestiques que lui, Rochester, avait été dépouillé de tout par des requins et renvoyé chez lui dans un vieux costume. ; il chargerait tout de même Rochester de prendre ses affaires, il apprendrait à ce farceur comment se comporter.

Pour se rafraîchir et reprendre ses esprits avant de se rendre au Savoy, il fit une promenade dans le Parc Vert.

Ce seul mot « Tosh ! » prononcé par la femme, en réponse à ce qu'il avait dit, lui en disait plus sur Rochester que de nombreuses déclarations. Cet homme voulait un bain froid, il voulait être maintenu sous le robinet jusqu'à ce qu'il crie grâce.

En marchant, maintenant avec le bâton sous le bras droit et la main gauche dans la poche de son pantalon, il sentit quelque chose dans la poche. C'était une pièce de monnaie. Il l'a sorti. Il s'agissait d'un sou, visiblement inconnu et non retiré par le valet de chambre.

C'était aussi un rappel de sa propre condition de pauvreté. Ses pensées se tournèrent de Rochester et de ses plaisanteries vers sa propre situation immédiate et tragique. Tout cela était de sa faute. Il était assez facile de dire que Rochester l'avait entraîné et tenté ; il était un homme adulte et aurait dû résister à la tentation. Il s'était laissé envahir par les boissons fortes ; eh bien, il l'avait payé par la perte de son argent, sans parler de la façon dont son estime de soi avait été meurtrie par ce bouffon.

Près du palais de Buckingham, il fit demi-tour, suivit le chemin par lequel il était venu et quitta le parc par la nouvelle porte.

Il traversa le plexus de voies où Northumberland Avenue débouche sur Trafalgar Square. Il était près de midi et les premiers journaux du soir parurent. Un colporteur avec une liasse de papiers sous le bras et une affiche jaune devant lui comme un tablier, attira son attention ; du moins l'affiche l'a fait.

« Suicide d'un Américain à Londres ! » étaient les mots sur l'affiche.

Jones, se souvenant de son sou, le sortit et acheta un journal.

Le suicide de l'Américain ne l'intéressait pas, mais il imaginait vaguement que certains des agissements de Rochester la veille au soir auraient pu être rapportés par la presse grâce aux informations de la police. Il pensait qu'il était très probable que Rochester, poursuivant sa folle course, avait été emprisonné.

Il a été récompensé. Dès la première page, il vit son propre nom. Il ne l'avait jamais vu imprimé auparavant, et cette vue et les circonstances lui firent claquer la langue, comme si elle était retenue par une corde attachée à sa racine.

Voici le paragraphe :

« Hier soir, alors que le train Inner Circle de 11 h 35 entrait dans la gare de Temple, un homme a été vu sauter du quai sur les métaux. Avant que les agents de la station n'aient pu intervenir pour le sauver, le malheureux s'était jeté devant le moteur qui arrivait. La mort a été instantanée.

"D'après les papiers en possession du défunt, son identité a été vérifiée comme étant celle de M. VA Jones, un gentleman américain de Philadelphie, résidant récemment à l'hôtel Savoy, Strand."

Jones se tenait le papier à la main, consterné. Rochester s'était suicidé !

C'était la plaisanterie, son noyau noir. Toute la soirée d'hier, tout au long de cette hilarité, il avait comploté tout cela. Le complotant peut-être dès le premier instant de leur rencontre. Incapable de résister à l'inspiration de l'extraordinaire ressemblance, ce farceur, ce gaspilleur, fait pour le monde, avait quitté la vie à la fin d'un dernier jamboree, et dans un éclat de rire, laissant un autre homme dans ses vêtements, voire presque un pourrait dire dans son corps.

Jones comprit immédiatement l'intérêt de la chose.

DEUXIEME PARTIE

CHAPITRE VI

LE NET

Il a vu autre chose. Il fut automatiquement exclu du Savoy et du consul américain. Et en plus, autre chose. Il avait commis une très grave erreur en acceptant un instant sa position. Il aurait dû parler immédiatement ce matin-là, parler à « M. Church », a raconté son histoire et a donné des explications, à défaut de quoi il aurait dû donner des explications avant de quitter la maison. Il était parti dans les vêtements de Rochester, il avait joué le rôle de Rochester.

Il roula le papier en boule, le jeta dans le caniveau et entra dans Charing Cross pour continuer son monologue.

Il avait mangé la nourriture de Rochester, fumé un de ses cigares, accepté sa canne et ses gants. Tout cela aurait pu s'expliquer avec l'aide de Rochester, mais Rochester était mort.

Personne ne savait que Rochester était mort. Pour retourner au Savoy et établir sa propre identité, il lui faudrait établir la mort de Rochester, raconter l'histoire de sa propre ivresse et faire croire qu'il était une victime innocente.

Une victime innocente qui s'était rendue chez un autre homme et qui, pendant quelques heures, s'était fait passer pour cet autre homme, sortant de la maison habillée et portant son bâton, une victime innocente, qui devait une facture au Savoy.

Eh bien, chaque homme, y compris la famille, vous pouvez en être sûr, trouverait la victime innocente à Rochester.

Que faisaient les lettres de Jones sur Rochester ? C'était une belle question à laquelle un jury perplexe devait répondre.

Par quel art Jones, l'aventurier américain nécessiteux — c'est ainsi qu'ils l'appelaient — s'est-il imposé à Rochester et a-t-il incité Rochester à ordonner qu'il soit emmené à Carlton House Terrace ?

Oh, il y avait beaucoup plus de questions à poser devant cette cour de justice fantôme, où Jones se voyait sur le banc des accusés essayant d'expliquer l'inexplicable.

La ressemblance ne servirait à rien pour blanchir à la chaux ; cela ne ferait qu'approfondir le mystère, rendre l'affaire plus extravagante. En outre, la ressemblance la plus probable à ce moment-là serait assez gâtée ; au moment des assises, cela ne serait vérifiable que par des photographies.

Assis sur un siège de la gare de Charing Cross, il cogitait ainsi, à la poursuite des idées les plus fantastiques, mais toujours saisi par la froide réalité.

Le fait que la seule porte qui lui était ouverte à Londres était celle du 10A, Carlton House Terrace.

Ne pouvant retourner au Savoy, il ne possédait rien au monde que les vêtements dans lesquels il se tenait debout et la canne qu'il tenait à la main. Habillé comme un seigneur, il était plus pauvre que n'importe quel vagabond, pour la simple raison que ses vêtements extravagants et raffinés l'empêchaient de mendier et du travail subalterne qui est le seul recours des soudain démunis.

Avec le temps et sa rapidité d'affaires, il aurait pu se battre pour obtenir un poste de commis ou un poste dans un magasin, mais il n'en avait pas le temps. L'heure du déjeuner approchait et il avait faim. Ce seul fait était une indication de la façon dont il était placé par rapport au Temps.

C'était un homme logique. Il voyait clairement que deux solutions seulement s'offraient à lui. Pour aller au Savoy et raconter son histoire et obtenir de la nourriture et un hébergement au commissariat de police, ou pour aller au 10A, Carlton House Terrace et obtenir de la nourriture et un hébergement à Rochester.

Les deux idées étaient odieuses, mais il estimait, avec raison, que s'il suivait la première solution, l'arrestation, l'ignominie et probablement l'emprisonnement seraient assurés, alors que s'il prenait la seconde, il pourrait peut-être bluffer jusqu'à ce qu'il puisse le faire. trouver des moyens de s'échapper du filet qui l'entourait.

Il se décida pour le deuxième cours. Les domestiques, et même cette femme épouvantail au boa à plumes, l'avaient accepté comme une bonne pièce de monnaie ; il n'y avait aucune raison pour qu'ils ne l'acceptent pas pendant un certain temps. D'ailleurs, il n'y avait aucune raison pour qu'ils ne l'acceptent pas pour toujours.

Même au milieu de ses troubles d'esprit et de ses tribulations générales, l'humour de cette dernière idée le faisait presque sourire. L'idée de vivre et de mourir en Lord Rochester, en tant que membre de l'aristocratie anglaise, étant toujours « My Lorded », servi par des larbins aux gros mollets, et intronisé chaque matin dans ses sous-vêtements par ce type à la veste à manches !

Cette idée saugrenue, plus absurde que n'importe quel rêve, reposait pourtant sur un fondement substantiel. En fait, il l'avait mis en pratique le matin même, et à moins qu'un miracle ne se produise, il devrait continuer à le mettre en pratique pendant quelques jours encore.

Cependant, Jones, heureusement ou malheureusement pour lui, était un homme d'action et non un rêveur. Il écarta les idées et en vint à des considérations pratiques.

S'il devait conserver sa position, il devrait s'assurer davantage de son terrain. Il se leva, pénétra dans le Charing Cross Station Hotel et obtint un exemplaire du « Who's Who » auprès du réceptionniste de l'hôtel.

Il tourna les pages jusqu'à trouver les R. Voici son homme.

Rochester. 21e comte de (cr. 1431) Arthur Coningsby Delamere. Baron Coningsby de Wilton, ancien lieutenant. Brigade de fusiliers, m. Teresa, 2ème fille de Sir Peter Mason Bart. 9 v. Éduc. Heidelberg. Possède environ 21 000 acres. Adresse 10A, terrasse de Carlton House. Cour de Rochester, Rochester. La trappe, Colney, Wilts. Clubs, conservateur senior, sport national, pélican.

Ce n'était qu'une partie des paroles du « Who's Who » concernant Rochester, Arthur Coningsby, Delamere. Le dernier descendant décadent d'une famille qui était célèbre depuis de nombreuses années pour sa puissance, sa prodigalité et sa prolificité.

Si Jones avait pu grimper sur son propre arbre généalogique, il aurait pu trouver sur une branche de quenouille la raison de sa ressemblance épouvantable avec Rochester, Arthur Coningsby, Delamere, mais c'était une pure question de spéculation, et cela n'est pas entré dans l'esprit de Jones. .

Il ferma le livre, le rendit et sortit.

Maintenant que sa résolution était prise, son esprit combatif était réveillé. En d'autres termes, il éprouvait la même insouciance qu'un homme qui part au combat, l'indépendance des conséquences qui caractérisent votre véritable explorateur. Car Stanley, à la frontière de l'Afrique la plus sombre, Scott, sur la rive glaciaire du glacier Beardmore, avaient devant eux des positions et des districts simples en comparaison de ceux qui faisaient maintenant face à Jones, qui avait devant lui les districts de l'ouest et du sud-ouest de Londres, avec tout ce qu'ils pouvaient. contenus dans la manière des indigènes en haut de forme, des indigènes peints et poudrés, des tribus avec des lois tribales dont il connaissait peu, des astuces dont il connaissait moins, des convenances, des ju-pu et des fétiches. Et il entrait dans ce pays sombre, complexe et dangereux, non pas en explorateur portant des perles et des bibles, mais déguisé en homme haut placé, en chef.

La position de Burton lorsqu'il se rendit à La Mecque déguisé en mahométan était facile comparée à la position de Jones. Burton connaissait le rituel. Il a commis une erreur, c'est vrai, mais il a ensuite pu tuer l'homme qui l'avait vu commettre cette erreur. Jones ne pourrait pas se protéger de cette manière, même si le valet en veste à manches le découvrait dans une position analogue à celle de Burton.

Cependant, il ne pensait à aucune de ces choses pour le moment ; il pensait au déjeuner. S'il était condamné à jouer un certain temps le rôle d'un seigneur, il était bien décidé à prendre son salaire à hauteur de tout ce qu'il voulait. Pourtant, il semblait que pour obtenir tout ce qu'il voulait dans sa nouvelle et extraordinaire position, il lui faudrait prendre quelque chose dont il ne voulait pas. Il voulait déjeuner mais il ne voulait pas retourner à Carlton House Terrace, du moins pas pour le moment. Ces larbins – rien que d'y penser lui donnait une indigestion – plus encore, il en avait peur. Une peur qui n'était ni physique ni morale, mais plutôt de la nature de la peur des femmes pour les souris, ou de la peur supposée du regretté Lord Roberts pour les chats.

L'Église solennelle, le valet de chambre changeant, les hommes aux veaux, appartenaient à une tribu qui avait peut-être tué Jones à mort dans une vie antérieure : soit l'ennuyait à mort, soit le matraquait, cela n'avait pas d'importance, l'antipathie était là, et cela était puissant.

Au coin de l'avenue Northumberland, une idée lui vint. Ce Rochester appartenait à plusieurs clubs, pourquoi ne pas aller déjeuner à crédit dans l'un d'entre eux ? Cela lui éviterait pour le moment de retourner à la porte vers laquelle le destin le guidait, et il pourrait peut-être détecter quelques rides supplémentaires sur lui-même et sur sa position. L'idée était révélatrice de l'audace de l'homme, même si elle ne comportait que peu de danger. Il était sûr de réussir en club, puisqu'il l'avait fait chez lui. Il avait en tête les noms de deux des clubs de Rochester, le Pélican et le Senior Conservateur. Ces derniers semblaient les plus lourds, les moins susceptibles d'offrir des surprises sous forme de applaudissements, d'irresponsables qui pourraient vouloir entrer dans une conversation générale.

Il l'a choisi, a demandé son chemin à un policier et s'est dirigé vers Pall Mall.

Ici, un autre policier lui a montré le bâtiment qu'il cherchait.

Il se dressait de l'autre côté du chemin, un bâtiment de pierre grise, vaste et sérieux, mais opulent et évoquant le meilleur de tout ce qui concerne le confort.

C'était historique. Disraeli avait descendu ces marches et le grand Lord Salisbury les avait gravies. Les hommes, pour entrer dans cet endroit, devaient être nés, non créés, et même ces sélectionnés devaient inscrire leur nom à la naissance, s'ils souhaitaient avoir une chance d'y déjeuner avant de perdre leurs dents et leurs cheveux.

Il fallut vingt et un ans aux élus pour atteindre cet endroit, et en chemin ils risquaient d'être tués par des boules noires.

Victor Jones vient de traverser la route et monte les marches.

CHAPITRE VII

DÉJEUNER

Il avait déjeuné au Constitutional avec une connaissance fortuite rencontrée lors de sa première semaine à Londres, il connaissait donc un peu les usages des clubs anglais, mais la vaste salle de cet endroit l'intimida un instant.

Cependant, les domestiques du club semblant le connaître, et reconnaissant que l'indécision est la faiblesse la plus fatale de l'homme, il traversa le hall, et voyant quelques messieurs monter le grand escalier, il suivit jusqu'à une porte du premier palier.

Il aperçut à travers les portes vitrées battantes que c'était la grande salle de déjeuner du club, et après avoir fait cette découverte, il redescendit où la chance, sous la forme d'un homme chauve, sans chapeau ni bâton, arrivant par un passage, lui indiqua le vestiaire.

Ici, il s'est lavé les mains et s'est brossé les cheveux, et en se regardant dans un verre, il a jugé son apparence conservatrice et bien. Lui, un démocrate des démocrates dans cette ruche de l'aristocratie et du vieux conservatisme en croûte, aurait pu éprouver des scrupules de conscience politique, sans le fait que la politique terrestre, les théories sociales et les instincts sociaux étaient moins pour lui maintenant que pour un habitant du pays. corps sombre qui culbute et tâtonne autour de Sirius. Moins que la différence entre le vairon et le gardon et le gardon dans l'épuisette.

En quittant les lieux, il faillit se heurter aux bras d'un monsieur qui entrait et qui lui fit un bref « H'do ».

Il connaissait cet homme. Il avait vu son portrait dans les journaux en Amérique ainsi qu'en Angleterre. C'était le chef de l'opposition de Sa Majesté, la reine des abeilles de cette ruche où il s'apprêtait à s'asseoir pour déjeuner. La reine des abeilles ne semblait pas très amicale, ce qui augure mal de l'attitude des ouvrières et des faux-bourdons.

Arrivé devant les portes battantes en verre mentionnées plus haut, il regarda à l'intérieur.

L'endroit était bondé.

Il lui sembla que, sur l'espace d'environ un kilomètre et demi, des tables, des tables, des tables étaient dressées, toutes occupées par deux, trois ou quatre hommes. Des hommes d'apparence conservatrice, et sans aucun doute pour la plupart des Lords.

Il était trop tard pour se retirer sans briser son estime de soi et sa confiance en soi. Le bain froid était devant lui, et il ne servait à rien d'y mettre un orteil.

Il ouvrit la porte et entra, marchant entre les tables et regardant les déjeuners en face.

L'homme assis a un énorme avantage sur l'homme debout dans ce genre de jeu. Un ou deux des membres rencontrés par le regard du nouveau venu s'inclinèrent à la manière curieuse du Britannique assis, les yeux des autres s'éloignèrent, d'autres hochèrent la tête glacialement, sembla-t-il à Jones. Puis, comme un poisson pilote devant un requin le conduisant à sa nourriture, un serveur de club s'est développé et l'a piloté jusqu'à une petite table inoccupée, où il s'est assis et a regardé un menu que lui avait remis le pilote.

Il commanda un filet de sole, du poulet rôti, de la salade et de la glace à la fraise. C'étaient les choses les plus faciles à commander. Il aurait commandé de la trompe d'éléphant rôtie si cela avait été plus facile et au menu.

Un homme après la prise de Hell Gate, ou juste mis pied à terre après la charge de la brigade légère, aurait eu aussi peu d'instinct pour la chasse aux menus que Jones.

Il avait percé les rangs de l'aristocratie britannique ; ce n'était rien : il était assis près de leur feu de camp, partageant leur nourriture, et ils étaient tous hostiles à son égard ; c'était tout.

Il sentit le courant d'air. Il sentait que ces hommes le détestaient ; je le ressentais par toutes sortes de sens qui semblaient nouvellement développés. Pas une déprime contre lui, Jones, mais une déprime contre lui, Rochester, Arthur Coningsby Delamere, 21e comte de.

Et ce qui était extraordinaire, c'est qu'il le sentait. Que diable lui importait que ces hommes regardent froidement un autre homme ? Ça faisait. Cela comptait beaucoup, peut-être plus que cela n'avait jamais eu d'importance pour l'autre homme. L'âme est-elle une chose si superficielle et si aveugle qu'elle ne peut pas trier le vrai du faux, le matériel de l'immatériel, qu'elle ne peut pas voir qu'une insulte faite à une ressemblance n'est pas une insulte faite à une *ressemblance* ?

Sûrement pas, et pourtant l'âme de Victor Jones en voulait au sang-froid des autres envers le prétendu corps de Rochester, comme s'il s'agissait d'une insulte personnelle.

C'était la première fois que Jones faisait comprendre que lorsque l'acteur endossait son rôle, il enfilait plus qu'une cape ou un bas de maillot, que la personnalité qu'il avait revêtue avait des nerfs curieusement associés aux siens, et que, même s'il pouvait le dire, lui-même cent fois à l'égard des attitudes des autres : « Pah ! ils ne parlent pas de moi », cette formule n'était pas un remède contre le dédain.

Le majordome des vins, un gentleman semblable à M. Church, était maintenant à ses côtés, et il se retrouva à contempler la carte des vins du principal conservateur, un document sérieux, si l'on en juge par les visages des hommes qui le parcourent.

Il s'agit en fait de l'Almanach de Gotha des vins. Les vieux rois du vin sont là, la princesse et toute l'aristocratie. Mais contrairement à l'Almanach de Gotha, le prix de chacun est fixé. Contrairement à l'Almanach de Gotha, les noms de quelques roturiers sont admis.

Macon était là, et même le Blackways' Cyder, la boisson préférée du vieux duc de Taunton.

Jones parcourut la liste des yeux sans enthousiasme. Il avait pris en aversion l'alcool, même sous sa forme la plus légère.

"Euh, quels minéraux avez-vous?" lui demanda-t-il.

"Minéraux!"

L'homme à la carte des vins était déconcerté. Jones a vu son erreur.

« De l'eau gazeuse », dit-il. "Donnez-moi de l'eau gazeuse."

Le filet de sole sauce tartare était excellent. Rien, pas même les minéraux, ne pouvait atténuer ce fait. Tout en mangeant, il regardait autour de lui, et avec d'autant plus de facilité qu'il s'apercevait maintenant que personne ne le regardait ; sa conscience de soi s'est effondrée et il a commencé à spéculer sur les hommes autour, leur rang probable, leur fortune et leur intellect. Il semblait à Jones que ce dernier facteur était plus facile à déterminer que les deux autres.

Ce qui le frappa le plus, c'était une étrange ressemblance entre eux tous, une chose fantôme, un lien introuvable et pourtant présent d'une manière ou d'une autre. Cette expression tribale est l'un des phénomènes les plus étranges qui réconfortent et malmènent éternellement nos sens.

Tout comme les hommes grandissent comme leurs femmes, ils grandissent comme leurs collègues commerçants, les serveurs comme les serveurs, les palefreniers comme les palefreniers, les avocats comme les avocats, les politiciens comme les politiciens. De plus, il est incontestablement prouvé que les propriétaires fonciers grandissent comme les propriétaires fonciers, tout comme les bergers grandissent comme les moutons et les aristocrates comme les aristocrates.

Une idée commune façonne les visages selon sa forme, et un manque commun d'idées permet aux circonstances extérieures de le façonner.

Ainsi, les politiciens conservateurs anglais d'un ordre supérieur, soumis à des circonstances extérieures de même nature, ont peut-être une certaine expression similaire. Les politiciens radicaux, quant à eux, se fondent sur une idée commune – mauvaise – mais qui reste une idée. Jones ne pensait pas cela, il reconnaissait simplement que tous ces hommes appartenaient à la même classe, et il sentait en lui-même que non seulement il n'appartenait pas à cette classe, mais que Rochester aussi, probablement, s'était retrouvé dans la même classe. position.

Cela aurait pu expliquer le côté sauvage et excentrique de Rochester, comme le démontre cette folle fête et à laquelle fait allusion la femme au boa de plumes. La sauvagerie d'un singe condamné à vivre parmi les chèvres, s'accrochant à leurs cornes, se cramponnant à leurs scuts, et jouant tous les tours que le contraire pourrait suggérer à une nature contraire.

Quelque chose de ce genre traversait l'esprit de Jones, et alors qu'il attaquait sa glace à la fraise, pour la première fois depuis la lecture de cette nouvelle capitale dans le journal du soir, ses facultés mentales se concentraient sur la question qui était au cœur même de tout. cette affaire. Cela le frappa maintenant avec une telle force qu'il posa sa cuillère et regarda devant lui, oubliant l'endroit où il se trouvait et les gens qui l'entouraient.

"Pourquoi ce type s'est-il suicidé ?"

C'était la question.

Il ne trouva aucune réponse à cette question.

En règle générale, un homme ne se suicide pas simplement parce qu'il est excentrique ou parce qu'il a gâché ses biens, ou parce qu'en tant que farceur, il trouve soudainement son image jumelle à frauder. Rochester n'avait visiblement rien fait pour l'exclure de la société. Bien que peut-être froidement accueilli par son club, il l'était quand même. Avait-il fait quelque chose dont la société ignorait l'existence, quelque chose qui pourrait soudainement s'imposer ?

Jones fut ramené de sa rêverie en un clin d'œil. L'un des serveurs confus s'enfuyait avec sa glace à moitié mangée.

« Salut », s'écria-t-il. "Qu'est-ce que tu fais? Ramenez ça.

Sa voix résonnait dans la pièce, les gens se tournaient pour regarder. Il maudit mentalement la glace et la créature qui la lui avait arrachée, la termina, dévora une galette, puis, se levant, quitta la pièce. Il était plus facile de partir que d'entrer, d'autres hommes partaient et, dans la rupture générale, il se sentait moins observé.

En bas, il regarda à travers des portes vitrées dans une pièce où des hommes fumaient, des hommes corrects dans d'énormes fauteuils, des hommes aux jambes allongées, des hommes fumant de gros cigares et parlant politique sans aucun doute. Il voulait fumer, mais il ne voulait pas fumer à cet endroit.

Il se rendit au vestiaire, récupéra son chapeau, sa canne et ses gants et quitta le club.

Dehors, à Pall Mall, il se souvint qu'il n'avait pas dit au serveur de lui créditer le déjeuner, mais une bagatelle comme celle-là ne le dérangeait plus maintenant. Ils seraient sûrs de le déposer.

Ce qui le troublait, c'était la question toujours sans réponse : « Pourquoi ce type s'est-il suicidé ?

Supposons que Rochester ait assassiné un homme et se soit suicidé pour échapper aux conséquences ? Cette pensée lui donna un sentiment de froideur comme il n'en avait jamais connu auparavant. L'espace d'un instant, il se vit traîné devant une Cour de justice britannique ; Pendant un instant, et pour la première fois de sa vie, il se surprit à se demander à quoi pouvait ressembler un bourreau.

Mais Victor Jones, bien que visionnaire parfois dans le monde des affaires, était à la base un homme d'affaires. Plus habitué à sa position maintenant, et en le regardant bien en face, il se rendit compte qu'il n'avait pas grand-chose à craindre, même si Rochester avait commis un meurtre. Il pourrait, s'il y était absolument poussé, prouver son identité. Poussé à cela, il put prouver sa vie à Philadelphie, faire venir des témoins et raconter les circonstances. Son histoire tiendrait ensemble, simplement parce qu'elle était la vérité. Cette assurance innée le réconforta beaucoup et, plus joyeux maintenant, il commença à reconnaître davantage la vérité. Sa position était très solide. Tout le monde l'avait accepté. À moins qu'il ne subisse un terrible revers à cause d'un crime commis par le défunt défunt, il pourrait rester éternellement comte de Rochester. Il ne voulait pas rester éternellement comte de Rochester ; il voulait retourner aux États-Unis et être simplement lui-même, et il avait l'intention de le faire après avoir rassemblé un peu d'argent. Mais l'idée le chatouillait tout comme elle l'avait fait à la gare de Charing Cross, et elle avait perdu son apparence monstrueuse et était devenue humoristique, une apparence très dangereuse pour une idée dangereuse.

Jones était un grand marcheur, l'exercice lui clarifiait toujours l'esprit et renforçait son jugement. Il se lança maintenant dans une longue marche, passant devant la National Gallery jusqu'à Regent Circus, puis remontant Regent Street et Oxford Street, et longeant Oxford Street vers l'ouest. Il s'est retrouvé à High Street Kensington, à Hammersmith, puis dans ces régions lugubres où la campagne lutte avec la ville.

Oh, ces banlieues de Londres ! À proximité de la ville ! Ces bataillons de maisons en briques, de morceaux de cadavres, de ce qui était autrefois des champs ; ces villas, buanderies————

Le contraste entre cet endroit et Pall Mall fut une révélation soudaine pour Jones, le contraste entre la puissance, la facilité, la richesse et la splendeur des environs du comte de Rochester et l'environnement des employés de banque et des petites gens qui habitaient ici.

Le point de vue est tout. De là, Carlton House Terrace semblait presque agréable.

Jones, en bon démocrate, avait toute sa vie professé un mépris pour le rang. Les titres lui avaient semblé aussi absurdes que des plumes dans un bonnet de singe. C'est ici, à Ultra Hammersmith, qu'il commença à examiner cette question d'un point de vue plus britannique.

Ne le dites pas à Gath, il commençait à ressentir une vague antipathie contre les petites maisons et les ultras.

Il se tourna et commença à revenir sur ses pas. Il était sept heures lorsqu'il atteignit la porte du 10A, Carlton House Terrace.

CHAPITRE VIII

M. VOLES

Le laquais qui l'avait admis, après avoir pris son chapeau, son bâton et ses gants, lui présenta une lettre arrivée par la poste de midi, contenant également un renseignement.

"M. Des campagnols sont venus vous voir, mon Seigneur, peu après midi. Il a déclaré qu'il avait rendez-vous avec vous. Il doit rappeler à sept heures et quart.

Jones prit la lettre et l'accompagna dans la pièce où il s'était assis ce matin-là. Sur la table se trouvaient toutes les lettres qu'il n'avait pas ouvertes le matin. Il les avait oubliés. Voici une erreur. S'il souhaitait conserver son poste ne serait-ce que quelques jours, il faudrait se prémunir contre de telles erreurs.

Il les ouvrit précipitamment, se contentant de jeter un coup d'œil au contenu, qui lui était pour la plupart inintelligible.

Il y avait une invitation à dîner de Lady Snorries — quelle qu'elle soit — et une lettre commençant par « Cher vieux garçon » d'une femme qui signait elle-même « Julie », un appel d'un auteur de lettre suppliante et une lettre commençant par « Cher Rochester » de un gentleman qui s'est simplement signé « Childersley ».

La dernière lettre qu'il ouvrit était celle qu'il venait de recevoir du domestique.

C'était écrit sur du papier de mauvaise qualité et il disait :

« Tenez-vous-y, si vous le pouvez. Vous verrez pourquoi je ne pouvais pas. Il y a une pièce de cinq sous les papiers du tiroir en haut à droite du bureau du fumoir.

» ROCHESTER. "

Jones savait que cette lettre, bien qu'adressée au comte de Rochester, lui était destinée et avait été écrite par Rochester, probablement écrite sur un comptoir de bar et affichée dans la caserne la plus proche juste avant qu'il ait commis l'acte.

Il se dirigea vers le tiroir du bureau indiqué, y souleva les papiers et trouva un billet de cinq livres.

Après y avoir jeté un coup d'œil, il ferma le tiroir, plaça le billet dans la poche de son gilet et se rassit à table.

" Tenez-vous-y, si vous le pouvez. " Les mots résonnaient à ses oreilles comme s'il les avait entendus.

Ces mots, appuyés par le billet de cinq livres, ont provoqué un grand changement dans l'esprit de Jones. Il avait la permission de Rochester pour agir comme il agissait, et un peu d'argent pour l'aider dans ses actions.

Le fait de sa pénurie avait été comme une couverture mouillée sur lui toute la journée. Il sentait que le pouvoir lui était venu avec la permission. Il pouvait penser clairement maintenant. Il se leva et fit les cent pas.

" Tenez-vous-y, si vous le pouvez. "

Pourquoi pas… pourquoi pas… pourquoi pas ? Il se surprit à rire aux éclats, une grande bouffée d'énergie lui était venue. Jones était un homme de ce genre, une idée nouvelle et grande lui venait toujours au sommet d'une vague d'énergie ; l'idée du British Government Contract lui était venue ainsi, et la vague l'avait emporté en Angleterre.

Pourquoi ne pas devenir comte de Rochester, rétablir enfin sa position, se tenir au sommet où le destin l'avait placé et mener cette affaire jusqu'à son ultime issue ?

Ce ne serait pas que de la confiture. Rochester a dû être très pressé par les circonstances ; cela n'effrayait pas Jones, pour lui le jeu était tout, et la bataille.

Il réparerait les échecs de Rochester, affronterait les difficultés qui avaient détruit l'autre, les affronterait, les surmonterait.

Sa position était inattaquable.

Venant de New York, il avait lu l'édition en shillings de Nelson de la Vie de Sir Henry Hawkins. Il a lu avec étonnement l'histoire de la crédulité britannique exprimée dans l'affaire Tichborne. Comment Arthur Orton, boucher à peine capable d'écrire, s'était imposé au public dans le rôle de Roger Tichborne, un jeune aristocrate de bonne éducation.

Il a comparé sa propre position à celle d'Orton.

Il était absolument inattaquable.

Il se dirigea vers la boîte à cigares, choisit un cigare et l'alluma.

Il y avait la question de l'écriture manuscrite ! Cela lui vint soudain à l'esprit, confronté à ses nouveaux projets. Il lui faudrait signer des chèques, écrire des lettres. Une machine à écrire pourrait résoudre cette dernière question, et quant à la signature, il possédait un échantillon de celle de Rochester et devrait l'imiter. Au pire, il pourrait prétendre qu'il s'était blessé au pouce : cette excuse durerait un certain temps. « Il y a une chose importante dans toute cette affaire, se dit-il, c'est l'excentricité de ce type. Eh bien, si on me pousse trop fort, je peux faire semblant d'avoir perdu la mémoire ou la raison - il n'y a pas une carte bénie que je n'aie ni dans ma main ni dans ma manche, et si le pire devait arriver, je peux toujours prouver mon identité et raconter mon histoire. Il était plongé dans de telles pensées lorsque la porte s'ouvrit et que le domestique, portant une carte sur un plateau, annonça que M. Voles, le monsieur qui était venu plus tôt dans la journée, était arrivé.

"Amenez-le", dit Victor. Le domestique se retira et revint aussitôt en introduisant Voles, qui entra portant son chapeau devant lui. L'étranger était un homme d'une cinquantaine d'années, un homme potelé, vêtu d'une redingote noire, recouverte, malgré le temps estival, d'un mince pardessus noir à revers de soie. Son visage était méchant, la peau épaisse, jaune, le nez épais, les poils de l'animal étaient noirs de jais, fins et présentaient aux yeux du spectateur une petite boucle Disraeli sur le front du propriétaire.

La carte annonçait :

M. AS CAMPAGNOLS

12B. Rue Jermyn

Campagnols lui-même, et à son insu, a annoncé bien d'autres choses.

Victor Jones avait un instinct aiguisé pour les hommes, aiguisé par l'expérience.

Il fit un signe de tête au nouveau venu, sèchement et sans se lever de sa chaise ; le domestique ferma la porte et les deux hommes furent seuls.

Tout comme la nature entière d'un chien s'anime à l'odeur d'un chat perché, la nature de Jones s'anime également à la vue des campagnols. Il considérait cet homme comme un ennemi.

Voles s'approcha de la table et y posa son chapeau. Puis il se tourna, se dirigea vers la porte et l'ouvrit pour voir si le domestique écoutait.

Il a fermé la porte.

« Eh bien, dit-il, avez-vous de l'argent pour moi ?

Un autre homme dans la position de Jones aurait pu demander, et avec raison. "Quel argent?"

Jones a simplement dit « Non ».

Cette réponse simple a eu un effet merveilleux. Campagnol, sur le point de s'asseoir, restait debout, agrippant le dossier de la chaise qu'il avait choisie. Puis il a éclaté.

« Vous m'avez trompé hier et vous m'avez donné rendez-vous pour aujourd'hui. J'ai appelé, tu étais sorti.

"Étais-je?"

« Et vous ? Vous avez dit que l'argent m'attendrait ici. Eh bien, me voici maintenant, j'ai un taxi dehors prêt à le prendre.

« Et supposons que je ne vous le donne pas ? » demanda Jones.

« Nous ne supposerons pas de telles absurdités ! » » répondit Voles en s'asseyant, « pas tant qu'il y aura des policiers à appeler à la minute près ».

"C'est vrai", dit l'autre, "nous ne voulons pas de police."

"Ce n'est pas le cas", répondit Voles. Il regardait Jones. La voix du comte de Rochester ne lui parut pas tout à fait la même que d'habitude, plus de ressort et de vitalité – altérée en fait. Mais il ne soupçonnait rien de la vérité. Considéré comme une bonne monnaie par Voles, Jones n'avait rien à craindre d'aucun homme ou femme à Londres, car l'œil de Voles était infaillible, l'oreille de Voles idem, l'esprit de Voles équilibré comme la balance d'un bijoutier.

"C'est vrai", a déclaré Jones. « Je ne… eh bien, parlons de cet argent. Ne pourriez-vous pas en prendre la moitié ce soir et l'autre moitié dans une semaine ?

"Pas moi", répondit l'autre. "Il me faut les deux mille ce soir, comme d'habitude."

Jones avait désormais toute l'affaire entre ses mains, et il commença à préparer les toasts sur lesquels mettre ce maître chanteur des plus évidents une fois cuits.

Son esprit vif avait tout réglé. C'était là le premier obstacle sur son chemin, il fallait le détruire et non le surmonter. Il décida de le détruire. Si le pire arrivait, si le crime que Rochester avait commis devait lui être imposé par Voles, il déclarerait tout, prouverait son identité en envoyant des témoins aux États-Unis et montrerait la lettre de Rochester. Le chantage expliquerait le suicide de Rochester.

Mais Jones connaissait les maîtres chanteurs et il savait que Voles ne poursuivrait jamais. Rochester a en effet dû être un faible imbécile pour ne pas avoir saisi cette ortie et ne l'avoir pas arrachée par les racines. Il avait oublié que Rochester était probablement coupable – cela fait toute la différence.

« Vous aurez l'argent, dit-il, mais voyez, finissons-en. Voyons maintenant. Combien as-tu déjà eu ?

"Seulement huit", a déclaré Voles. « Vous le savez assez bien, pourquoi demander ? »

« Huit mille livres, murmura l'autre, vous m'avez retiré huit mille livres, et les deux ce soir vous en feront dix. Cela semble un bon prix pour quelques journaux. Il a réalisé le tir selon les spécifications. C'était une cible.

"Oh, ces papiers valent bien plus que cela", dit Voles, "bien plus que cela."

Ce sont donc des documents et non des actes que le maître chanteur tenait en suspens sur la tête de Rochester. Cela n'avait pas vraiment d'importance pour Jones, il se tenait prêt à affronter le meurtre lui-même, armé comme il l'était de la lettre de Rochester dans sa poche et de la certitude de pouvoir s'identifier.

« Eh bien, dit-il, finissons-en avec cette affaire. As-tu un chéquier sur toi ?

"J'ai un chéquier, c'est vrai, quel est ton jeu maintenant ?"

"Juste une idée avant de vous payer : sortez votre chéquier, vous verrez ce que je veux dire dans une minute."

Voles hésita, puis, en riant, il sortit le chéquier de la poche de poitrine de son pardessus.

"Maintenant, arrache un chèque."

« Déchirez un chèque », s'écria l'autre. "Qu'est-ce que tu veux dire ? Un de mes chèques ? C'est bien."

« Déchirez un chèque, insista l'autre, cela ne vous coûtera qu'un sou, et vous comprendrez ce que je veux dire dans un instant. »

L'animal, devant la direction insistante de l'autre, hésita, puis en riant il arracha un chèque.

"Maintenant, pose-le sur la table."

Les campagnols l'ont posé sur la table.

Jones se rendit au bureau pour chercher une plume et de l'encre. Il poussa une chaise près de la table et fit asseoir l'autre.

« Maintenant, dit Jones, faites-moi un chèque de huit mille livres. »

Voles jeta le stylo en riant : c'était son dernier dans cette pièce.

"Tu ne le feras pas?" dit Jones.

"Oh, arrête de faire ces bêtises", répondit l'autre. "Je n'ai pas de temps pour ce genre de choses, qu'est-ce que tu fais maintenant ?"

"Je sonne la cloche", a déclaré Jones.

Campagnols, sur le point de récupérer le chèque, fit une pause. Il sembla un instant se trouver en faute. La bête de la jungle, qui entend craquer la brindille sous le pied de l'homme au fusil express, s'arrête ainsi pendant son repas sanglant sur la carcasse du leurre de chèvre.

La porte s'ouvrit et un domestique apparut, c'était le miracle des veaux.

« Envoyez-les immédiatement et faites venir un officier, un policier », dit Jones.

"Oui mon Seigneur."

La porte s'est fermée.

Les campagnols se levèrent d'un bond et saisirent son chapeau. Jones se dirigea vers la porte et la verrouilla, plaçant la clé dans sa poche.

"Je t'ai", dit-il, "et je vais te serrer, et je vais te faire crier."

« Vous allez… vous allez… vous allez… » dit Voles. Il était de la couleur du vieil ivoire.

"Je vais te faire traverser ça..."

"Tiens, putain de bêtises, arrête ça, espèce d'imbécile, je vais t'écraser", dit Voles. "Ici, ouvrez cette porte et arrêtez cette affaire."

"Je t'avais dit que j'allais te faire crier", a déclaré Jones, "mais ce n'est rien par rapport à ce qui s'en vient."

Voles s'approcha de la table et posa son chapeau. Puis, face à Jones, il frappa avec les jointures de sa main droite sur la table.

« Vous l'avez fait maintenant, dit-il, vous vous exposez à une belle accusation de détention abusive, c'est ce que vous avez fait. Une belle chose dans les journaux demain matin, et des intimidations en plus. Au-delà de cela, il y a les journaux. *Je n'aurai* aucune pitié : ces papiers seront envoyés à Lord Plinlimon demain matin, vous serez ce jour-là au tribunal du divorce, et elle aussi. Réputation! elle n'aura pas de chiffon pour se couvrir.

"Oh, n'est-ce pas?" dit Jones. "C'est très intéressant." Il ressentit un grand soulèvement du cœur. Donc cette affaire de chantage concernait une femme. L'idée que Rochester était une horrible forme de criminel lui pesait. Il lui avait semblé qu'aucun homme ne paierait une somme aussi énorme que huit mille livres en guise de chantage à moins que son crime ne soit proportionné. Rochester l'avait manifestement payé pour protéger non seulement son propre nom, mais aussi celui d'une femme.

"Très intéressant", a déclaré Voles. « Je suis content que vous le pensiez… » Puis dans un éclat : « Venez, ouvrez cette porte et arrêtez ces absurdités — sortez cette clé de votre poche et ouvrez la porte. Vous avez toujours été un imbécile, mais là, c'est au-delà de la folie — vous êtes tous les deux dans le creux de ma main, vous le savez – je peux vous écraser comme ça… comme ça… comme ça !

Il ouvrit et ferma sa main droite. C'était une main cruelle, velue jusqu'au dos, énorme jusqu'au pouce.

Jones le regarda.

"Vous gaspillez beaucoup d'énergie musculaire", dit-il. « Ma détermination est prise, et elle tient. Vous allez en prison, M. Filthy Beast, Campagnols. Je suis contre toi, c'est la pure vérité. Je vais vous ouvrir et montrer votre intérieur au public britannique. Ils seront tellement perdus dans l'admiration à cette vue qu'ils ne se soucieront plus de la femme ou de moi. On nous traitera de bienfaiteurs publics, je pense. Vous connaissez les hommes, et vous savez quand un homme est déterminé. Regarde-moi, regarde-moi en face, espèce d'idiot… »

On frappa à la porte.

Jones sortit la clé de sa poche et ouvrit la porte.

« Le connétable est ici, monseigneur », dit le domestique.

«Dites-lui d'entrer», dit Jones.

Voles avait repris son chapeau et il se tenait maintenant près de la table, son chapeau à la main, l'air exactement de ce qu'il était : un criminel pour sa défense.

Le connétable était un jeune homme honnête et frais ; il avait retiré son casque et le portait par la jugulaire. Il n'avait ni matraque ni revolver, et pourtant il impressionnait Jones presque autant qu'il impressionnait l'autre.

"Officier", a déclaré Jones. « Je vous ai appelé dans le but de confier à cet homme la responsabilité d'avoir tenté… »

"Arrêtez", cria Voles.

Puis quelque chose d'oriental dans sa nature s'est emparé de lui. Il s'est précipité en avant, les bras tendus, comme pour embrasser le policier.

« Tout cela est une erreur, s'écria-t-il, connétable, un instant, sortez un instant, laissez-moi avec Sa Seigneurie. Je vais expliquer. Il n'y a rien de mal, c'est une grosse erreur.

Le gendarme le retint, regardant Jones pour obtenir des ordres.

Jones ne ressentait plus aucune rancune envers Campagnols à présent ; du dégoût, comme il aurait pu en ressentir envers un vautour ou un cormoran, mais pas de vengeance.

Il voulait ces huit mille livres.

Il était déterminé à réussir dans son nouveau poste, à combattre le monde que Rochester n'avait pas réussi à combattre et à surmonter les difficultés qui l'attendraient certainement. Les campagnols furent la première grande difficulté, et il semblait qu'il était sur le point non seulement de le détruire, mais d'en faire un profit. Il ne voulait pas les huit mille pour lui, il les voulait pour le jeu ; et la fascination de ce grand jeu qu'il commençait tout juste à comprendre.

« Sortez, officier, dit-il au connétable.

Il a fermé la porte. «Asseyez-vous et écrivez», dit-il. Les campagnols ne disaient pas un mot.

Il se dirigea vers la table, s'assit et prit le stylo. Le chèque était toujours là. Il l'attira vers lui. Puis il jeta le stylo. Puis il l'a repris, mais il n'a pas écrit. Il l'agitait entre le pouce et l'index, comme s'il battait la mesure d'un orchestre miniature disposé sur la table devant lui. Puis il se mit à écrire.

Il faisait un chèque au comte de Rochester pour la somme de huit mille livres, sans shillings, ni pence.

Il l'a signé AS Voles.

Il était sur le point de le traverser, mais Jones l'en empêcha. « Laissez-le ouvert, » dit-il, « et maintenant encore une chose : il me faut impérativement avoir ces papiers demain matin. Et pour en être sûr, vous devez faire ceci.

Il se rendit au bureau et prit une feuille de papier à lettres qu'il posa devant l'autre.

«Écrivez», dit-il. «Je vais dicter. Commencez le 2 juin.

Les campagnols ont mis la date.

« *Mon Seigneur* », a poursuivi le dictateur. « « *Je vous promets que demain matin je remettrai au messager que vous m'enverrez tous vos papiers en ma possession. J'avoue avoir détenu ces papiers sur vous dans un but de chantage et avoir obtenu de vous la somme de huit mille livres, et je promets de modifier mes habitudes et de m'efforcer de mener une vie honnête.*

Signé. COMME
Campagnols .
Le comte de
Rochester .

C'était la lettre.

Par trois fois, le coquin de table refusa de continuer à écrire, et trois fois son maître se dirigea vers la porte, le cliquetis de la poignée insufflant toujours au scribe une énergie renouvelée.

Une fois le document terminé, Jones le relut, l'effaça et le mit dans sa poche avec le chèque.

«Maintenant, tu peux y aller», dit-il. « J'enverrai un homme demain matin à huit heures chez vous pour les journaux. Je n'utiliserai pas cette lettre contre vous, à moins que vous ne causiez des ennuis. Eh bien, que voulez-vous ?

"Brandy", haleta Voles. "Pour l'amour de Dieu, du cognac."

CHAPITRE IX

PLUS D'INTRUS

Le petit verre qui avait contenu le *champagne* était posé sur la table, la porte était fermée, Voles était parti et l'incident était terminé.

Jones, pour la première fois de sa vie, ressentit le malaise qui survient après un effort suprême. Il n'aurait jamais pu imaginer qu'une chose pareille l'aurait autant bouleversé. Il était inconscient pendant toute la durée de l'affaire qu'il dépensait plus d'énergie que d'habitude, il le savait maintenant en contemplant l'ampleur de sa victoire, assis épuisé dans la grande chaise en forme de sacoche à gauche de la cheminée et face à lui. la porte.

Il avait écrasé le plus grand voyou de Londres, lui avait enlevé huit mille livres d'argent mal acquis et s'était libéré d'un incube qui aurait rendu sa position intenable.

Rochester aurait pu faire la même chose s'il avait eu suffisamment d'audace, d'énergie et de courage. Il ne l'avait pas fait, et c'était fini.

A ce moment, on frappa à la porte, et un larbin, un nouveau, apparut.

"Le dîner est servi, mon Seigneur."

Jones se redressa sur sa chaise.

«Dîner», dit-il. «Je ne suis pas encore prêt pour ça. Apportez-moi un whisky et un soda. Regardez ici, dites à M. Church que je veux le voir.

"Oui mon Seigneur."

Jones, comme indiqué précédemment, possédait cette attitude très rare : un œil pour les hommes. Cela lui était tout à fait inconnu ; jusqu'alors il avait été condamné à prendre les hommes tels qu'il les trouvait ; la seule pression des circonstances avait fait de lui un partenaire commercial d'Aaron Stringer. Il n'avait jamais fait confiance à Stringer. Maintenant, étant en position de commandement, il commença à utiliser ce précieux don et il choisit Church comme premier officier. Il voulait un homme de main.

Le whisky et le soda arrivèrent, et presque immédiatement Church.

Jones, posant le verre à moitié vide sur la table, lui fit un signe de tête.

«Entrez, dit-il, et fermez la porte.»

Church ferma la porte et se mit au garde-à-vous. Le visage de cet homme admirable n'a pas été construit en vue d'une interprétation facile des émotions. Je doute qu'un tremblement de terre à Carlton House Terrace et dans les environs ait pu en altérer l'expression.

Il se leva comme s'il écoutait.

Jones commença : « Je veux que vous alliez demain à huit heures au n° 12B Jermyn Street pour me procurer des documents. Ils vous seront remis par AS Voles.

"Oui mon Seigneur."

"Vous me les rapporterez ici."

"Oui mon Seigneur."

« Je viens de voir ce monsieur et je viens de m'occuper de lui. C'est un très grand voyou et j'ai dû appeler un officier, un constable. Je l'ai installé.

M. Church ouvrit la bouche comme s'il allait parler. Puis il l'a refermé.

« Continuez », dit Jones. "Qu'allais-tu dire?"

«Eh bien, Votre Seigneurie, j'allais dire que je suis très heureux d'entendre cela. Quand vous m'avez dit, il y a quatre mois, en toute confiance, ce que Voles vous faisait, vous vous souviendrez des conseils que j'ai donnés à Votre Seigneurie. «Ne vous laissez pas presser», dis-je. « Pressez-le. » L'avocat de Votre Seigneurie, M. Mortimer Collins, je crois, vous a dit la même chose.

«J'ai suivi vos conseils. Je trouve cela si bon que je vais vous demander encore souvent votre avis. Voyez-vous une différence en moi, M. Church ?

« Oui, mon Seigneur, vous avez changé. Si Votre Seigneurie m'excuse de le dire.

"Comment?"

"Vous avez rajeuni, mon Seigneur, et vous-même davantage, et vous parlez différemment, plus incisif, pour ainsi dire."

Ces paroles étaient pour Jones le baume de Galaad. Jusqu'à présent, il n'avait reçu aucune opinion de lui-même de la part des autres ; il s'était vaguement méfié de sa voix, incapable d'évaluer à quel point elle différait de celle de Rochester. La déclaration parfaitement franche de Church le rassura. Il parlait plus brusquement, c'était tout.

«Eh bien», dit-il. « Les choses vont être différentes partout ; mieux aussi.

Il se tourna vers le bureau et Church ouvrit la porte.

« Vous ne voulez plus de moi, mon Seigneur ?

"Pas maintenant."

Il ouvrit l'annuaire de Kelly et chercha les avocats jusqu'à ce qu'il parvienne au nom qu'il cherchait.

Mortimer Collins, 10 ans, Sergeant's Inn, Fleet Street.

«C'est mon homme, se dit-il, et demain je le verrai.» Il ferma le livre et quitta la pièce.

Il ne connaissait pas la position de la salle à manger et il ne voulait pas non plus la connaître. Un domestique l'apercevant et croyant qu'à cette heure tardive il ne voulait pas s'habiller, il ouvrit une porte.

La minute suivante, il était assis seul à une grande table, regardé par les défunts Rochester et leurs épouses, et étalant sa serviette de table sur ses genoux.

Le dîner était excellent, quoique assez simple. La société anglaise a parcouru un long chemin depuis l'époque où Lord Palmerston s'asseyait pour dévorer deux portions de soupe à la tortue, la même de sauce à la morue et aux huîtres, une énorme assiette de jambon d'York, une coupe de rôti, une quantité généreuse de rôti. faisan, sans parler des pousse-pousse et des friandises ; l'époque où l'intérieur d'un noble après le dîner était un magasin de provisions flottant dans du sherry, du jarret, du champagne, du vieux porto et du punch.

Rien n'agit plus rapidement sur le système nerveux que la nourriture ; Avant que le poulet rôti et la salade ne soient servis, Jones se retrouva en train de profiter de son dîner et, plus encore, de sa position.

La terrible position du matin avait perdu ses terreurs, le brouillard qui l'entourait se dissipait. Naufragé sur cette côte étrange, luxuriante et pourtant hostile, il avait rencontré les indigènes, s'en était nourri, les avait combattus et avait mesuré leur force et leur ruse.

Il n'avait plus peur d'eux maintenant. Les membres du Camp du Club Conservateur Senior ne l'avaient pas impressionné, et la bête sauvage Campagnols lui avait légué un vif mépris pour les capacités mentales de l'homme à qui il avait succédé.

À tort ou à raison, tous les Lords ont perçu une teinte de lumière sinistre qui montrait le manque d'entrain et de puissance de frappe mentale de Rochester.

Mais il ne ressentait pas de mépris pour les Lords en tant que tels. Il avait envie de comprendre qu'être un Seigneur était une très grande chose. Même un seigneur qui avait laissé ses domaines se ruiner – comme lui.

Un seul verre de champagne glacé — il ne s'en accordait qu'un — établit dans son esprit cette conviction, ainsi que le constat que les laquais ne l'opprimaient plus, qu'ils lui plaisaient plutôt. Ils connaissaient leur travail et l'exécutaient parfaitement, ils s'accrochaient à chacun de ses mots et de ses mouvements.

Hier, assis là où il était, il se serait senti déplacé, irritable et maladroit. Il y a encore quelques heures, il se serait senti opprimé et aurait voulu s'enfuir seul quelque part. Qu'est-ce qui lui a donné cette nouvelle magie d'assurance et de sentiment de maîtrise de sa position ? C'était sans aucun doute sa bataille contre les campagnols.

Du café lui fut servi dans le fumoir, et là, assis seul avec un cigare, il commença clairement et pour la première fois à envisager ses projets d'avenir.

Il pourrait tout laisser tomber et s'enfuir. Réservez un passage pour les États-Unis, entrez à New York dans la peau de Lord Rochester, tout comme un plongeur entre dans la mer, et ressortez dans la peau de Jones. Il pouvait garder les huit mille livres en toute bonne conscience – ou pas ?

Ce point semblait un peu obscur.

Il ne s'en inquiétait pas beaucoup. La question principale n'avait rien à voir avec l'argent. La question principale était simplement la suivante : serai-je Victor Jones à l'avenir, ou devrais-je être le comte de Rochester ? Le vingt et unième comte de Rochester ?

Dois-je partir ou m'en tenir à mes armes ? Rester le patron de cette série et essayer de tirer quelque chose de l'épave, ou s'enfuir sans rien montrer pour vivre l'expérience la plus étonnante jamais vécue par un homme ?

Rochester s'était enfui. C'était un lâcheur. Jones avait lu un jour un article dans le Popular Magazine, dans lequel un directeur ferroviaire avait méprisé un vaurien. « Dieu déteste sûrement celui qui abandonne », a déclaré le directeur.

Ces mots lui sont toujours restés. Ils avaient cristallisé ses sentiments à cet égard : le lâcheur se classait dans son esprit presque au rang des plus aiguisés.

La tentation d'arrêter était néanmoins forte, même si la tentation de rester grandissait.

Une faille lui restait ouverte. Il n'était pas nécessaire de décider tout de suite ; il pouvait jeter ses cartes à tout moment et se lever de la table si le jeu devenait trop difficile pour lui ou s'il en avait assez.

Il voyait des temps difficiles l'attendre dans le désordre dans lequel Rochester avait laissé ses affaires - c'était peut-être ce qui l'incitait le plus à rester.

Il fut tiré de sa rêverie par des voix dans la salle. Des voix fortes et joyeuses.

On frappa à la porte et un domestique annonça : « Sir Hugh Spicer et le capitaine Stark vous voient, mon Seigneur. » Jones se redressa sur sa chaise. « Faites-les entrer », dit-il.

Le domestique sortit et revint en introduisant un petit jeune homme à l'air buvard en robe de soirée recouvert d'un long pardessus fauve ; ce monsieur était suivi d'un homme d'une cinquantaine d'années, à moitié chauve et d'apparence méchante, également en tenue de soirée.

Ce dernier portait un monocle dans ce que Jones appela mentalement plus tard « son visage tordu ».

"Regarde-le!" s'écria le jeune homme, assis dans son fauteuil béni et non habillé. Regarde-le!"

Il vacilla légèrement pendant qu'il parlait, et s'approcha de la table où il frappa l'encrier avec la canne qu'il portait, faisant voler l'encrier et les stylos. Jones le regarda.

C'était Hughie. Pilier du barreau Criterion, président du Rag Tag Club, baronnet et nuisible – et le tout à vingt-trois ans.

"Laisse ça tranquille, Hughie," dit Stark, se dirigeant vers la boîte à cigares en argent et se servant. "Moins de cette canne bénie, Hughie... eh bien, Jollops, qu'est-ce qui te fait mal ?"

Il regarda Jones tout en allumant un cigare. Jones le regarda.

C'était Spencer Stark, ancien capitaine des Hussards noirs de Sa Majesté, joueur, sans le sou, toujours bien habillé et toujours bien nourri. Terrible. Tout comme les coléoptères sont des coléoptères, qu'ils soient habillés de splendeurs tropicales ou du noir funèbre du type anglais, les nuisibles le sont également. Jones connaissait ses hommes.

« Je vous demande pardon, dit-il, vouliez-vous dire ce nom pour moi ?

Il se leva tout en parlant, et se dirigeant vers la cloche, la sonna. Ils pensaient qu'il parlait pour plaisanter et qu'il appelait pour boire un verre ; ils ont ri et Hughie a commencé à crier, à crier et à frapper la table avec sa canne au rythme de ce qu'il criait.

Cette bête, qui n'était jamais heureuse qu'en cassant des verres, en faisant du bruit ou en tourmentant ses voisins, qui n'avait jamais été vraiment sobre depuis environ cinq ans, qui avait détruit une belle propriété et brisé le cœur de sa mère, semblait maintenant s'efforcer de casser sa canne wanghee sur la table.

Le bruit était génial.

La porte s'ouvrit et des veaux apparurent.

« Jetez ce voyou », dit Jones.

"Finissons-en avec lui", s'écria Hughie en jetant sa canne à cette plaisanterie. "Allez, Stark, poussons le vieux Jollops dehors."

Il s'avança joyeusement vers l'attaque, et Stark, animé par l'autre, se rapprocha, recevant un coup au ventre qui le plaçait dans l'aile.

L'instant suivant, Hughie se retrouva attrapé par une main ferme, qui avait réussi d'une manière ou d'une autre à s'insérer entre l'arrière de son col et son cou, agrippant le col.

S'étouffant et chantant, il fut précipité hors de la pièce et traversa le couloir jusqu'à la porte d'entrée, un valet de pied courant le précédant. La porte s'est ouverte et il a été jeté dans la rue.

L'expulsion de Stark était une affaire plus facile. Les chapeaux et les manteaux furent jetés et la porte finalement fermée.

"Si l'un de ces types revient ici", dit Jones à l'acolyte, "appelez un officier, je veux dire un agent de police."

"Oui mon Seigneur."

« Je me demande combien de personnes je devrai encore chasser de cette maison », se dit-il en retournant au fumoir. « Mon Dieu, quel gâchis ce type de Rochester a dû faire partout. Des déceptions de bar comme celles-là ! Hé !

Il ordonna que l'encre soit éclaircie, puis il fit appeler M. Church. Il était excité.

« Église », dit-il. « J'ai abattu deux autres charognes. Vous connaissez tous les hommes que j'ai eu la folie de connaître. S'ils reviennent ici, dites aux serviteurs de ne pas les laisser entrer.

Mais il avait un autre but en envoyant chercher Church. "Où est mon chéquier?" Il a demandé.

Church se dirigea vers le bureau et ouvrit un tiroir inférieur.

"Je pense que vous l'avez placé ici, mon Seigneur." Il l'a produit.

Une fois parti, Jones ouvrit le livre ; c'était l'un des Coutt.

Il connaissait désormais son banquier ainsi que son notaire. Puis il s'assit et, sortant de sa poche le billet de Rochester, il commença à étudier l'écriture et la signature.

Il fit cent imitations de la signature, et constata pour la première fois de sa vie qu'il n'était pas mauvais dans ce genre de travail.

Puis il brûla les feuilles de papier qu'il utilisait, rangea le chéquier et regarda l'horloge ; il indiquait onze heures.

Il éteignit les lumières et quitta la pièce pour monter à l'étage.

Il était sûr de pouvoir retrouver la chambre qu'il avait quittée le matin et, empruntant le couloir faiblement éclairé, il n'eut aucune difficulté à la retrouver. Il avait à moitié redouté que l'agile valet de chambre en veste à manches soit là à l'attendre pour le border, mais à son grand soulagement, la chambre était vide.

Il ferma la porte et, se dirigeant vers la fenêtre la plus proche, remonta un instant le store.

La lune se levait sur Londres et jetait sa lumière sur le Green Park. Une immense lune d'été. Le genre de lune qui évoque des idées de guitares et de balcons.

Jones se déshabilla et enfila le pyjama en soie qui lui était préparé et se mit au lit, ne laissant que la lumière allumée à côté du lit.

Il essaya de se rappeler les détails de cette merveilleuse journée, échoua complètement, éteignit la lumière et s'endormit.

CHAPITRE X

DAME PLINLIMON

La chose la plus curieuse dans toutes les expériences extraordinaires de Jones était la façon dont les choses qui affectaient Rochester l'affectaient. La froideur des membres du club en est un bon exemple. Il savait que leur froideur n'avait rien à voir avec lui, mais il en ressentait pratiquement autant que si c'était le cas.

Là encore, le cas des Campagnols. Qu'est-ce qui l'avait poussé à combattre les Campagnols avec une telle vigueur ? Peu lui importait le moins du monde que Voles ait trahi Rochester ou non, et pourtant il avait combattu Voles avec toute la sensibilité de l'homme qui est attaqué, et non de l'homme qui défend un autre homme contre une attaque.

L'attitude de Spicer et des autres coquins avait suscité sa colère en raison de son manque de respect envers lui, le supposé comte de Rochester. La folie de Rochester avait inspiré ce manque de respect, pourquoi lui, Jones, s'en soucierait-il ? Il a fait. Cela le frappa autant que s'il était dirigé contre lui-même. Il avait découvert, jusqu'à un certain degré, mais il avait quand même découvert que tout ce qui pourrait blesser Rochester lui ferait du mal, que sa sensibilité était tout aussi aiguë sous sa nouvelle apparence et, merveille des merveilles, sa dignité de Lord était tout aussi vive. aussi sensible que sa dignité d'homme.

Si vous aviez dit à Jones à Philadelphie qu'un jour viendrait où il serait en colère si un serviteur ne l'appelait pas « mon Seigneur », il vous aurait pris pour un fou. Pourtant ce jour était venu, ou allait venir, et ce changement en lui n'était pas du tout le résultat du snobisme, mais le résultat de la connaissance de ce qui était dû à Rochester, Arthur Coningsby Delamere, 21e comte de, de qui il ne pouvait pas se démêler en jouant son rôle.

Il a été réveillé par M. Church qui a remonté les stores de ses fenêtres.

Il avait rêvé de la pension de famille à Philadelphie où il vivait, de Miss Wybrow, la propriétaire, et des autres invités, Miss Sparrow, M. Moese (né Moses), M. Hoffman, copropriétaire du Sharpes' Drug Store, Mme Bertine et les autres.

Il regarda M. Church passer à la porte, recevoir le plateau de thé du matin du domestique à l'extérieur et, le plaçant près du lit, se retira. C'était le seul service subalterne que M. Church semblait jamais accomplir, à l'exception du transport majestueux des papiers et des lettres à l'heure du petit déjeuner.

Jones but son thé. Puis il se leva, alla à la fenêtre, regarda le parc vert ensoleillé, puis sonna. Il n'était ni déprimé ni nerveux ce matin. Il se sentait extraordinairement en forme. Les bons esprits puissants qui lui étaient naturels, un héritage meilleur qu'une fortune, lui appartenaient à nouveau. La vie semblait merveilleusement digne d'être vécue, et le jeu qui l'attendait était le seul qui valait la peine d'être joué.

Puis le Mécanisme est entré dans la pièce et a commencé à agir. James était le nom de cet individu. Muet, sérieux et actif comme un insecte, cet homme a toujours émerveillé l'esprit de Jones ; il semblait moins un homme qu'une machine. Mais au moins, c'était une machine parfaite.

Tout habillé maintenant, il s'apprêtait à descendre quand on frappa à la porte et M. Church entra avec une grande enveloppe sur un plateau.

"C'est ce que vous m'avez demandé d'aller chercher dans Jermyn Street, mon Seigneur."

"Oh, tu es allé à Jermyn Street?"

"Oui, mon Seigneur, aussitôt que j'ai servi votre thé à huit heures moins le quart, j'ai pris un taxi."

"Bien!" dit Jones.

Il prit l'enveloppe et, l'Église et le Mécanisme s'étant retirés, il s'assit près de la fenêtre pour en examiner le contenu.

L'enveloppe contenait des lettres.

Lettres d'un homme à une femme. Lettres du comte de Rochester à Saphira Plinlimon. Le recueil de lettres d'amour le plus odieux et le plus stupide jamais écrit par un imbécile pour être lu par un avocat perruque dans un tribunal de divorce.

Ils duraient trois mois et avaient été écrits il y a deux ans.

Ils étaient passionnés, idéalistes en partie, bavards. Il l'appelait son « tout petit trésor ». Langage de bébé : Jones a presque rougi en lisant.

« Il était certainement en train de muer », dit-il en laissant tomber lettre après lettre sur le sol. « Et il a payé huit mille dollars pour retenir ces choses. Enfin, je ne sais pas, j'aurais peut-être fait la même chose moi-même. Je n'ai pas envie de me voir dans le *Philadelphia Ledger* avec ces trucs ajoutés à la fin de mon nom.

Il rassembla les documents incriminés, les plaça dans l'enveloppe et descendit l'escalier à la main.

Le petit-déjeuner était une réplique presque exacte du repas d'hier ; la pile de lettres apportées par Church était cependant un peu plus petite.

Ces lettres étaient une difficulté nouvelle, il faudrait répondre à toutes, celles d'hier et celles d'aujourd'hui.

Il lui faudrait s'assurer les services d'une dactylographe et d'une machine à écrire : cela pourrait être arrangé plus tard. Il les mit de côté et ouvrit un journal. Il était désormais suffisamment habitué à sa situation pour pouvoir s'intéresser à l'actualité du jour. À tout moment, son environnement pouvait se diviser pour laisser place à un nouveau Campagnol ou à un Spicer, ou peut-être à un spectre plus dangereux engendré par le passé douteux de Rochester ; mais il n'y pensait guère, il avait dépassé la peur, il était dans l'affaire jusqu'au cou.

Il jeta un coup d'œil aux nouvelles du jour, les lisant tout en mangeant. Puis il repoussa le papier. L'idée lui venait justement que Rochester avait payé ces huit mille dollars non pas pour protéger le nom d'une femme mais pour protéger le sien. Pour éviter que ce charabia ne soit lu contre lui au tribunal.

Cette pensée atténuait ce qui semblait être un côté plus brillant de Rochester, cette chose obscure que Jones était condamné à dévoiler petit à petit. Il repoussa son assiette et, à ce moment, M. Church entra dans la salle du petit-déjeuner.

Il s'approcha de la table et, parlant à voix mi-basse, dit :

"Lady Plinlimon vous verra, Votre Seigneurie."

« Dame Plinlimon ?

« Oui, Votre Seigneurie. Je lui ai fait entrer dans le fumoir.

Jones avait fini son petit-déjeuner. Il se leva de table, rassembla les lettres et, les tenant à la main, suivit Church de la salle du petit-déjeuner au fumoir. Une grande femme coiffée d'un grand chapeau était assise dans le fauteuil face à la porte.

Elle avait quarante heures ou moins. Elle avait un grand visage désagréable. Un visage dominateur, gros, égoïste et maquillé par l'art.

"Oh, vous y êtes", dit-elle alors qu'il entrait et fermait la porte. "Vous voyez, je sors tôt."

Jones hocha la tête, se dirigea vers le paquet de cigarettes, prit une cigarette et l'alluma.

La femme se releva et fit de même. Elle soufflait la fumée de sa cigarette par les narines et Jones, en la regardant, savait qu'il la détestait. Puis elle se rassit. Elle semblait nerveuse.

"Est-ce vrai, ce que j'entends, que ta sœur t'a quitté et est partie vivre avec ta mère ?"

"Oui", a déclaré Jones, se souvenant de la femme oiseau d'hier matin.

« Eh bien, vous aurez un peu de paix maintenant, à moins que vous ne la laissiez revenir… mais je ne suis pas venu parler d'elle. C'est juste ça, je suis dans une situation difficile.

"Oh!"

« Un endroit très restreint. Il me faut de l'argent, il me le faut aujourd'hui.

"Oh!"

"Oui. J'aurais dû l'avoir hier, mais un accord que j'avais conclu a échoué. Tu dois m'aider, Arthur.

"Combien veux-tu?"

"Mille cinq cent. Je vais bientôt le rembourser.

"Quinze cents livres?"

"Oui bien sûr."

Une grande lumière blanche, froide et claire comme l'aube de la Vérité, commença à traverser l'esprit de Jones. Pourquoi cette femme était-elle venue le voir si vite ce matin après la défaite de Voles qui détenait ses lettres ? Comment Voles avait-il obtenu ces lettres ? Cette question lui était déjà venue à l'esprit auparavant, et cette question semblait désormais pleine de possibilités à son esprit pratique.

"Pourquoi veux-tu cet argent?" lui demanda-t-il.

« Bon Dieu, quelle question, pourquoi une femme veut-elle de l'argent ? Je le veux, ça suffit. Que demanderez-vous d'autre ?

"Quel était l'accord dont vous attendiez de l'argent hier?"

"Une affaire de bourse."

« Quel genre d'affaires ? »

Elle rougit de colère.

« Je ne suis pas venu pour parler de ça. Je suis venu en ami pour vous demander de l'aide. Si vous refusez, eh bien, c'est fini.

« Oh non, ce n'est pas le cas », dit-il. "Je veux vous poser une question."

"Eh bien, demande-le."

"C'est juste une simple question."

"Continue."

« Vous espériez recevoir quinze cents livres hier ? »

"Je l'ai fait."

« Vous attendiez-vous à le recevoir de M. AS Voles ?

Il comprit aussitôt qu'elle était coupable. Elle se leva à moitié de sa chaise, puis se rassit.

"Que diable veux-tu dire?" elle a pleuré.

« Vous savez très bien ce que je veux dire, » répondit-il, « vous auriez eu mille cinq cents recettes de Voles sur ces lettres. Vous avez entendu hier soir que j'avais refusé de me séparer. Il n'était que votre agent. Cela ne sert à rien de le nier. Il m'a tout dit.

Son visage était devenu terrible, blanc comme la mort, avec du rouge visible sur le blanc.

«Tout cela est faux», bégaya-t-elle. "Tout cela est faux." Elle se leva en chancelant. Il ne voulait pas se lancer dans cette affaire pénible, la poursuite d'une femme n'était pas dans ses rangs. Il se dirigea vers la porte et lui ouvrit.

« Tout cela est faux. Je vais vous écrire à ce sujet, c'est faux.

Elle a prononcé ces mots alors qu'elle s'évanouissait. Il estima qu'elle connaissait le chemin menant à la porte du hall et, fermant la porte de la chambre, il se tourna vers la cheminée.

Il n'était pas ravi. Il était choqué. Il lui semblait qu'il n'avait jamais touché ni manipulé la méchanceté auparavant, et c'était une femme occupant les plus hauts rangs de la vie !

Elle avait piégé Rochester pour qu'il lui fasse l'amour et avait utilisé Voles pour lui extorquer huit mille livres à cause de ses lettres.

Elle avait hypnotisé Rochester comme une poule. Elle était comme ça. Il a considéré le tribunal de divorce comme une menace : l'humanité pourrait-elle descendre plus bas ? Il est allé sur « Who's Who » et a augmenté les P jusqu'à ce qu'il trouve l'homme qu'il voulait.

Plinlimon : 3e baron, créé en 1831, Albert James, b. 10 mars 1862. OS du deuxième baron et Julia d. de JH Thompson, de Clifton, m. Saphira. d. de Marcus Mulhausen, éducateur. en privé. Adresse The Roost, Tite Street, Chelsea.

Ainsi parla-t-il : « Qui est qui ? »

"Je parie mon dernier dollar que ce type a été impliqué aussi bien qu'elle", a déclaré Jones, faisant référence à Plinlimon, Albert James. Puis un éclair d'humour a éclairé la situation. Les campagnols avaient rendu huit mille livres ; en tant qu'agent, il avait reçu vingt-cinq pour cent. Il risquait donc d'en perdre au moins six mille. Cela plut à Jones encore plus que sa victoire. Il avait une antipathie raciale, radicale et profondément enracinée envers les campagnols. Pas une colère contre lui, juste une antipathie. "Maintenant", dit-il en replaçant "Who's Who" sur le bureau, "descendons et voyons Mortimer Collins."

Il a quitté la maison et, appelant un taxi, a ordonné au chauffeur de l'emmener à Sergeant's Inn. Il n'avait aucun plan de campagne à l'égard de Collins. Il voulait simplement explorer et se découvrir. Pour lui, la connaissance, dans sa position extraordinaire, était une armure, et il voulait toute l'armure qu'il pouvait obtenir, combattant, comme il l'était, non seulement le présent vivant, mais aussi le passé d'un autre homme — et le caractère ou le manque de caractère d'un autre homme.

CHAPITRE XI

LA MINE DE CHARBON

Sergeant's Inn se trouve à côté de Fleet Street, un tribunal tranquille entouré de maisons consacrées à la loi. La loi y a toujours vécu depuis cette époque où, comme le dit curieusement Stow, « il y a dans et autour de la ville toute une université, pour ainsi dire, d'étudiants, de praticiens, de plaideurs et de juges des lois de ce royaume, non pas de allocations communes, comme dans d'autres universités, cela se fait pour la plupart, mais de leur propre entretien privé, alimenté soit par leurs places ou leurs pratiques, soit par leurs revenus propres, ou par les expositions de parents ou d'amis - de leurs maisons, il y en a à ce jour quatorze en tout ; dont neuf se trouvent dans les libertés de cette ville, et cinq dans ses faubourgs.

Sergeant's Inn se trouvait à l'intérieur des libertés, et c'est toujours là aujourd'hui, poussiéreux et calme, autrefois la demeure des juges et des sergents, aujourd'hui la demeure des notaires. Sur la droite de l'entrée se trouvaient les bureaux de Mortimer Collins, un homme âgé, calme, de couleur sombre, grand, peu barbu, collectionneur d'estampes anciennes à ses heures libres et l'un des membres les plus respectés de sa profession.

Sa pratique se situait principalement parmi la noblesse et la noblesse terrienne, un fait vaguement suggéré par les lettres blanches ou jaunes sur les boîtes d'actes en étain qui bordaient les murs de ses bureaux, énonçant des noms et des déclarations telles que : « The Cave Estate », « Sir Jardine Jardine », « The Blundell Estate », et ainsi de suite. Il connaissait tout le monde, tout sur tout le monde, et certaines choses terribles chez certaines personnes, et on le rencontrait dans les meilleures maisons. Les gens l'aimaient pour lui-même et il inspirait la confiance qui vient de l'appréciation.

C'est chez ce monsieur que Jones fut présenté, et c'est par ce monsieur qu'il fut reçu froidement, il est vrai, mais poliment.

Jones, avec sa franchise habituelle, a lancé l'entreprise.

« Je suis venu avoir une conversation sérieuse avec vous, dit-il.

« En effet, dit l'avocat, y a-t-il quelque chose de nouveau ?

"Non. Je veux parler de ma position en général. Je vois que je me suis ridiculisé.

L'homme de loi leva légèrement les mains, doigts écartés, le geste était éloquent.

"Mais, reprit l'autre, je veux réparer, je veux mettre de l'ordre dans le désordre."

L'avocat soupira. Puis il sortit un petit morceau de peau de chamois de la poche de son gilet et commença à polir ses lunettes.

« Vous vous souvenez de ce que je vous ai dit avant-hier, dit-il ; « As-tu décidé de suivre mon conseil ? Alors tu n'avais rien à m'offrir à part quelques discussions folles sur le suicide.

"Quel conseil?"

Collins fit un geste impatient.

« Conseil : pourquoi émigrer et tenter votre chance dans les colonies. »

«Hmm, hum», dit Jones. « Oui, je m'en souviens, mais depuis, je réfléchis. Je vais rester ici et me rétablir.

L'avocat fit de nouveau un geste d'impatience.

« Vous connaissez votre situation financière aussi bien que moi, dit-il. « Comment allez-vous réparer, comme vous l'exprimez, cette position ? Vous ne pouvez pas, vous êtes désespérément impliqué, retenu à chaque instant. Il y a un mois, je vous ai dit de réduire votre établissement et de laisser Carlton House Terrace ; tu as dit que tu le ferais et tu ne l'as pas fait. Cela m'a fait mal. J'aurais préféré que vous refusiez cette suggestion. Eh bien, le krach, s'il n'arrive pas aujourd'hui, arrivera demain. Vous êtes à découvert chez Coutts, vous pouvez réunir de l'argent avec rien, vos dettes urgentes envers les commerçants, etc., s'élèvent, comme vous me l'avez dit avant-hier, à plus de deux mille cinq cents livres. Voyez par vous-même comment vous vous situez.

« Je le répète, » dit Jones, « que je vais y arriver. Toutes ces affaires semblent avoir échoué parce que… j'ai été un imbécile.

"Je suis heureux que vous le reconnaissiez."

« Mais je ne suis plus un imbécile. Vous connaissez cette histoire de campagnols ?

L'homme d'affaires hocha la tête.

"Eh bien, qu'en penses-tu?" Il sortit le chèque de Voles de sa poche et le déposa devant l'avocat.

"Pourquoi, qu'est-ce que c'est?" dit l'autre. "Huit mille livres."

« Il m'a demandé encore plus de chantage », a répondu Jones, « et je l'ai serré, j'ai appelé un… policier, je l'ai fait dégorger, et voilà son chèque. Pensez-vous qu'il a assez d'argent pour y parvenir ?

"Oh, oui, il est très riche, mais vous m'avez dit *clairement* qu'il n'avait obtenu que mille de vous."

Jones jura mentalement. Reprendre la vie et le passé d'un voyou est mauvais, reprendre la vie et le passé d'un homme faible et sournois est presque pire.

«Je vous ai mal dit», dit-il.

Collins réprima un mouvement d'irritation et de dégoût. Il avait l'habitude de traiter avec l'Humanité.

« Que peut faire un médecin pour un patient qui retient des informations essentielles ? lui demanda-t-il. "Rien. Comment puis-je croire ce que tu dis ?

"Je ne sais pas", répondit l'autre. « Mais je vous le demande simplement. Je vous demande de croire que j'ai changé. J'ai eu un choc qui a changé toute ma nature. Je ne suis plus le même homme qui vous a parlé avant-hier.

Collins le regarda avec curiosité.

« Vous avez changé, dit-il, votre voix est également différente, d'une manière ou d'une autre. Je ne vais pas vous demander *ce qui* a provoqué ce changement de point de vue. J'espère seulement qu'il en sera ainsi – et permanent.

«Socle rocheux», a déclaré Jones. «Je vais commencer maintenant. Je vais laisser cette caravane… »

"Caravane!"

« Le Carlton House, votre idée est bonne, allez-vous m'aider à le réaliser ? Je ne sais pas par où commencer à louer des places.

« Je vais certainement vous aider. En fait, je crois que je peux vous trouver un locataire immédiatement. Les Bracebridge veulent justement une telle maison, meublée. Je demanderai à mon greffier de leur écrire… si vous le pensez vraiment.

"Je suis sérieux."

«Eh bien, c'est quelque chose. J'ai insisté sur le fait que vous le pensiez vraiment, parce que vous étiez si violemment opposé à une telle solution lorsque j'en ai parlé auparavant. En fait, vous avez été presque personnel, comme si j'avais proposé quelque chose de honteux – même s'il est vrai que vous avez fini par être d'accord avec moi.

"Je suppose que la seule honte est de devoir de l'argent et de ne pas être en mesure de payer", a déclaré l'actuel Lord Rochester. "Je suis venu voir ça maintenant."

"Dieu merci!" » dit Collins.

"Je prendrai une chambre dans un hôtel tranquille", répondit l'autre, "avec ces huit mille dollars et le loyer de ce Gazabo, je devrais surmonter les rochers."

« Je ne vois pas pourquoi, je ne vois pas vraiment pourquoi, » répondit joyeusement Collins, « si vous êtes ferme dans votre objectif. Heureusement, les biens de votre femme sont intacts, et qu'en est-il d'elle ?

"Oui", dit Jones avec un frisson glacial.

« L'amour d'une bonne épouse, reprit l'autre, est une chose qui ne s'achète pas, et je puis dire que j'ai de très bonnes raisons de croire que, malgré tout ce qui s'est passé, vous avez toujours l'affection de votre femme. Laissant tout le reste de côté, je pense que votre plus grande erreur a été d'avoir votre sœur pour vivre avec vous. Ce n'est pas le cas, et, compte tenu du caractère particulier de Miss Birdbrook, ce n'est particulièrement pas le cas dans votre cas. Maintenant que les choses sont différentes, voudriez-vous voir votre femme et discuter tranquillement de tout cela ?

"Non", dit Jones précipitamment. "Je ne veux pas la voir, du moins, pas encore."

"Eh bien, faites-vous plaisir", répondit l'autre. « Peut-être que plus tard, vous verrez les choses différemment. »

La conversation s'est ensuite terminée, l'avocat promettant de le lui faire savoir s'il obtenait une offre pour la maison.

Jones, si troublé par cette conversation sur sa femme qu'il songeait à mettre fin à toute cette affaire, dit au revoir et partit. Mais il n'était pas encore destiné à quitter le bâtiment.

Il descendait le vieil escalier étroit lorsqu'il aperçut des gens qui montaient et il recula pour les laisser passer.

Une grosse dame ouvrait la marche et était suivie par un monsieur âgé et une jeune dame coiffée d'un grand chapeau.

"Eh bien, c'est Arthur", s'écria la grosse femme. « Quelle chance. Arthur, nous sommes venus voir M. Collins, une chose tellement terrible s'est produite.

Le malheureux Jones s'aperçut alors que la dame au grand chapeau était la femme-oiseau, le vieux monsieur qu'il n'avait jamais vu auparavant, mais le vieux monsieur l'avait évidemment souvent vu, était très probablement un proche parent, à en juger par la frigidité et l'insolence. de son signe de tête et de son attitude générale. Ce vieillard portait le cachet de l'armée et un menton très marqué, avec une fente.

"Mieux vaut ne pas parler ici", dit-il, "entrez, entrez et voyez Collins."

Jones ne voulait pas du tout entrer et voir Collins, mais il brûlait de savoir quelle était cette chose terrible qui s'était produite. Il redoutait à moitié que cela ait à voir avec le suicide de Rochester. Il suivit la fête et se retrouva l'instant d'après dans la chambre de Collins, où l'avocat montra des chaises aux dames, ferma la porte et revint à la table de son bureau où il s'assit.

"Oh, M. Collins", dit la vieille dame, "une chose si terrible s'est produite : du charbon ; ils ont trouvé du charbon." Elle s'est effondrée.

Le vieux monsieur au menton fendu s'en chargea.

« Cet imbécile, dit-il en désignant Jones, a vendu une mine de charbon, valant peut-être un million, pour cinq mille dollars. La propriété Glanafwyn a révélé du charbon. Je n'en ai entendu parler qu'hier soir, et par hasard. Struthers m'a dit directement dans le club : « Connaissez-vous ce terrain à Glamorgan que Rochester a vendu à Marcus Mulhausen ? Oui, j'ai dit. « Eh bien, dit-il, ce n'est pas de la terre, c'est le sommet de la plus grande mine de charbon du Pays de Galles, du charbon vapeur, et Mulhausen va l'exploiter lui-même. On lui a proposé deux cent cinquante mille dollars pour le terrain la semaine dernière, ils y forent depuis six mois, c'est ce qu'il m'a dit et je l'ai vérifié ce matin. Bien sûr, Mulhausen a repéré la terre pour ce qu'elle valait et a tendu un piège à cet imbécile.

Jones retint ses émotions avec effort, ne connaissant pas du tout sa relation avec le violent. M. Collins l'a dit clairement.

« Votre neveu est évidemment tombé dans un piège, Votre Grâce, dit-il. Puis se tournant vers Jones :

« Je vous ai prévenu de ne pas vendre cette terre. Dieu sait que je connaissais assez peu la région et encore moins sa valeur minière ; Pourtant, j'étais opposé à l'idée de me séparer de la terre - je le suis toujours - et en particulier envers un client aussi exigeant que Mulhausen. Je t'ai dit d'avoir un avis d'expert. Je n'avais pas de minéraux en tête. Je pensais qu'il s'agissait peut-être d'une extension ferroviaire en perspective – et c'était votre dernière propriété sans hypothèque. Oui, je vous ai dit de ne pas le faire, et c'est fait.

"Oh, Arthur", soupira la femme âgée. « Votre dernier bout de terre… et dire que ça devrait être comme ça. Je n'aurais jamais imaginé que je devrais dire ces mots à mon fils. Puis il se raidit et se tourna vers Collins. « Mais je ne suis pas venu me plaindre, je suis venu voir si justice ne pouvait pas être rendue. C'est du vol. Cet homme terrible au nom allemand a volé Arthur. C'est tout à fait clair. Ce qui peut être fait?"

"Absolument rien", a répondu Collins.

"Rien?"

« Votre Seigneurie doit me croire quand je dis que rien ne peut être fait. Quel terrain pouvons-nous avoir pour bouger ? La vente a été parfaitement ouverte et honnête. Mulhausen n'a fait aucune fausse déclaration, j'ai raison de le dire, n'est-ce pas ? se tournant vers Jones.

Jones dut hocher la tête.

"Et cela étant, nous sommes impuissants."

"Mais s'il peut être prouvé qu'il savait qu'il y avait du charbon dans le pays, et s'il l'a acheté en cachant cette connaissance, la loi peut sûrement l'obliger à le restituer", a déclaré la simple vieille dame, qui semble-t-il se tenir debout. à la place de la malheureuse mère de Rochester.

M. Collins a presque souri.

« Votre Seigneurie, cela ne donnerait aucun contrôle à la loi. Maintenant, par exemple, si je savais que le chemin de fer Canadien Pacifique, disons, avait découvert de vastes terrains houillers, et si j'utilisais ces connaissances privées pour acheter vos actions du Canadien Pacifique à, disons, cent, et si ces actions augmentaient à trois cents, pourriez-vous m'obliger à vous rendre votre stock ? Certainement pas. Le gain serait un produit parfaitement légitime de ma propre acuité.

"La netteté", dit la femme oiseau, "c'est exactement ça. Si Arthur avait eu ne serait-ce que du bon sens, sans parler de l'acuité, les choses auraient été très différentes partout – partout.

Elle sortit la tête de son boa et la rétracta. Jones, furieux, muet, les mains dans les poches et le dos contre la vitre, ne dit rien.

Il n'aurait jamais pu imaginer qu'une telle agression, sur une affaire avec laquelle il n'avait rien à voir, aurait pu le faire se sentir à ce point idiot et à ce point connard.

Il vit immédiatement à quel point Rochester avait été traité, et il ressentit, contre toute raison, la honte que Rochester aurait pu ressentir – mais ne le ferait probablement pas. Son oncle, le duc de Melford, car tel était le nom du colérique, sa mère, la comtesse douairière de Rochester, et sa sœur, l'hon. Venetia Birdbrook, maintenant tous se sont levés et se sont réunis dans une covey avant de sortir et de quitter cette mauvaise affaire et l'imbécile qui l'avait provoquée.

Vous pouvez imaginer leurs sentiments. Un homme dans la situation de Rochester peut être n'importe quoi, presque, tant qu'il est riche, mais s'il ajoute le crime de pauvreté à ses autres péchés, il est effectivement perdu. Et

Rochester n'avait pas seulement jeté son argent, il avait jeté une mine de charbon après lui.

Pas étonnant que son oncle ne lui ait même pas jeté un nouveau regard alors qu'il quittait la pièce, guidant les deux femmes devant lui.

"C'est malheureux", a déclaré Collins lorsqu'ils se sont retrouvés seuls. C'était la chose la plus douce qu'il pouvait dire, et il l'a dit.

CHAPITRE XII

LA FILLE DANS LE VICTORIA

Lorsque Jones se retrouva enfin à l'extérieur du bureau et dans l'agitation de Fleet Street, il tourna ses pas vers l'ouest.

Il avait presque oublié la détermination à demi formée de jeter ses cartes et de se relever de ce jeu étrange, qu'il avait formé lorsque Collins lui avait demandé s'il n'aurait pas un entretien avec sa femme. Cette affaire de mines de charbon a mis tout le reste de côté pour le moment ; La pensée de cet accord galvanisait tout le côté commercial de sa nature, à tel point que, comme il l'aurait dit lui-même, des poils se dressaient dessus. Une mine d'une valeur d'un million de livres, échangée contre vingt-cinq mille dollars !

Il prenait la chose à cœur, comme s'il avait lui-même été trompé par Mulhausen, et maintenant, alors qu'il marchait, un coin de rue dans la circulation le tira de ses pensées, et soudain, une sensation des plus épouvantables l'envahit. Pendant un instant, il avait perdu son identité. Pendant un instant, il n'était ni Rochester ni Jones, mais juste un vide entre ces deux-là. Pendant un instant, il ne put dire qui il était. Pendant un instant, il ne fut ni l'un ni l'autre. C'était la partie terrible de ce sentiment. Cela était dû à la surcharge cérébrale due à sa position extraordinaire et à la manière intensive avec laquelle il avait joué le rôle de Rochester. Cela n'a duré peut-être que quelques secondes, car il est difficile de mesurer la durée des processus mentaux, et cela s'est passé aussi rapidement qu'il était venu.

Apercevant un bar, il y entra, et un petit verre d'eau-de-vie clôtura l'incident et lui fit oublier. Il demanda le chemin de la Coutts' Bank, qui en 1692 était située aux « Trois Couronnes » dans le Strand, à côté de la Globe Tavern, et qui occupe toujours la même position dans le monde du commerce, et à peu près la même dans le monde. monde de briques et de mortier.

Il atteignit la porte de la banque et s'apprêtait à entrer, quand quelque chose l'arrêta. On pensait qu'il devrait endosser le chèque avec la signature de Rochester.

Il l'avait copié si souvent qu'il se sentait compétent pour en faire une juste imitation, mais il avait commencé sa vie dans une banque et il connaissait le mauvais œil qu'une banque a pour la signature d'un client. Sa signature – du moins celle de Rochester – doit être bien connue chez Coutts. Il ne faudrait jamais se mettre ainsi au microscope, d'ailleurs, et cette pensée ne lui venait que maintenant, il vaudrait peut-être aussi bien avoir son argent dans un endroit inconnu des autres. Collins et toute cette terrible famille savaient qu'il faisait des opérations bancaires chez Coutts, des événements pourraient survenir où il serait également très nécessaire pour lui de pouvoir mettre la main sur une réserve d'argent secrète.

Il avait dépassé la National Provincial Bank dans le Strand, le nom lui paraissait sûr et il était déterminé à s'y rendre.

Il arriva à la banque, envoya son nom au directeur et fut aussitôt admis. Le directeur était un homme solide, à moitié chauve, avec des moustaches latérales, et un air de vieille respectabilité commerciale anglaise délicieux en ces temps nouveaux et exigeants, il reçut le fantôme du comte de Rochester avec le respect dû à leurs positions mutuelles.

Jones, entre Coutts et le National Provincial, avait beaucoup réfléchi. Il prévoyait que même s'il donnait une imitation passable de la signature de Rochester, tous les chèques signés à l'avenir devraient correspondre à cette signature. Or, l'écriture d'un homme, bien que variée, a une personnalité qui lui est propre, et il doutait beaucoup qu'il soit capable de conserver cette personnalité sous le regard microscopique des gens de la banque. Il a opté pour une voie audacieuse. Il conserverait sa propre écriture. Il était improbable que le provincial national ait jamais vu l'autographe de Rochester ; même si c'était le cas, ce n'était pas une chose criminelle pour un homme de modifier son style d'écriture. Il a endossé le chèque de Rochester, a donné un échantillon de sa signature, a donné des instructions pour qu'un chéquier lui soit envoyé à Carlton House Terrace et a pris son départ.

Il avait changé le billet de cinq livres de Rochester avant de se rendre chez Collins, et il avait la monnaie en poche, quatre livres seize et six pence. Cinq livres, moins le prix d'un cigare chez le buraliste où il avait changé sa note, le taxi jusqu'à Sergeants' Inn et le verre d'eau-de-vie. Il se souvint qu'il lui devait encore son déjeuner d'hier chez le Haut Conservateur, et il résolut d'aller le payer, puis de déjeuner dans un restaurant. Plus jamais il ne déjeunerait dans ce caravansérail conservateur, se disait-il.

Dans ce but, il attendait de traverser la route près de Southampton Street, lorsqu'une voix résonna à son oreille et qu'un bras saisit le sien.

"Bonjour, Rochy", dit la voix.

Jones se retourna et se retrouva bras dessus bras dessous avec un jeune de dix-huit ans – à ce qu'il semblait, un jeune doré, s'il en est jamais un, impeccablement habillé, joyeux et avec un visage franc qui plaisait tout à fait.

«Bonjour», dit Jones.

"Qu'est-ce que tu es devenu cette nuit-là?" » demanda le joyeux, alors qu'ils traversaient la route toujours bras dessus bras dessous.

"Quelle nuit?"

« Quelle nuit ? Pourquoi la nuit où ils nous ont tiré dessus du Rag Tag Club. Est-ce que tu dors, Rawjester, ou qu'est-ce qui te fait mal ?

"Oh, je m'en souviens", a déclaré Jones.

Ils s'étaient maintenant dissociés et, marchant ensemble, ils remontèrent Southampton Street et traversèrent Henrietta Street en direction de Leicester Square. C'est l'inconnu qui parle, une tâche pour laquelle il semble bien qualifié.

Il parlait de choses, d'événements et de personnes absolument inconnues de son auditeur, de chevaux, d'hommes et de femmes. Il a convaincu Jones d'entrer dans Bond Street et Jones est allé faire du shopping avec lui, l'aidant à choisir deux douzaines de chaussettes colorées chez Beale et Inmans. Devant la bonneterie, l'inconnu proposait un déjeuner, lorsqu'une voiture, une Victoria ouverte, roulant lentement à cause de la circulation, attira l'attention de Jones.

C'était un résultat très élégant, un cheval, mais ayant deux serviteurs en livrée sur la boîte. Un cocher et un valet de pied aux cheveux poudrés.

Dans le Victoria était assise l'une des plus jolies filles que Jones ait jamais vues. Une jolie créature, sombre, avec des yeux bleu-gris profonds, rêveurs et vagues – et un visage ! Ah, quelle plume pourrait décrire ce visage si mobile, si piquant et plein d'un charme léger et inexprimable.

Elle avait croisé le regard de Jones, elle le regardait avec curiosité, moitié joyeuse, moitié courroucée, lui semblait-il, et maintenant, à son grand étonnement, elle fit un petit mouvement de tête, comme pour lui dire : « viens ici ». Au même moment, elle parlait au cocher.

"Portman, arrête s'il te plaît."

Jones s'avança en levant son chapeau.

«Je veux juste te dire», dit la Belle en se penchant un peu en avant, «que tu es un vieil âne idiot. Venetia m'a tout dit. Ce n'est rien pour moi, mais ne le fais pas. Portman, continue.

"Bon dieu!" » dit Jones, tandis que le véhicule passait, emportant sa belle occupante, dont on ne voyait plus que le dos recouvert de dentelle d'un parasol.

Il a rejoint l'inconnu.

« Eh bien, dit celui-ci, que vous a dit votre femme ?

"Ma *femme* !" dit Jones.

"Eh bien, votre défunte épouse, même si vous n'êtes pas encore divorcé, n'est-ce pas ?"

"Non", a déclaré Jones.

Il prononça le mot machinalement, sachant à peine ce qu'il disait.

Cette charmante créature, sa femme ! La femme de Rochester !

"Montez", dit l'inconnu. Il avait appelé un taxi.

Jones entra.

La femme de Rochester ! Le contraste entre elle et lady Plinlimon surgit soudain devant lui, ainsi que la folie de Rochester vue gigantesque et sous un jour nouveau.

Le taxi s'arrêta dans une rue à côté de Piccadilly ; ils sont sortis; l'inconnu paya et ouvrit la voie dans une maison dont la porte d'entrée présentait une modeste plaque de cuivre sur laquelle étaient inscrits les mots :

"M. CARR"

Ils passèrent par un passage, puis descendirent des escaliers jusqu'à une grande salle, où étaient disposées de petites tables à cartes. Une pièce extraordinaire, car, occupant près de la moitié d'un côté, se trouvait une cuisinière sur laquelle un cuisinier était occupé à griller des côtelettes et des rognons, ainsi que tous les autres éléments d'un grill mixte. Des photos démodées de célébrités sportives étaient accrochées aux murs, et en face du stand se trouvait une commode chargée de vaisselle ancienne inestimable. À côté de cette pièce se trouvait la salle à manger, et l'ensemble dégageait une atmosphère de confort et d'antan où les jours étaient moins laborieux que les nôtres, et un confort moins allié aux paillettes et aux guirlandes.

C'était le Carr's Club.

L'inconnu s'assit devant le livre d'or et commença à écrire son propre nom et celui de son invité.

Jones, regardant par-dessus son épaule, vit qu'il s'appelait Spence, Patrick Spence. Sir Patrick Spence, car l'un des préposés l'appelait Sir Patrick. Un mélange de grillades, du fromage et de la bière pression dans de lourdes chopes en étain constituait le repas, au cours duquel le bavard Spence entretenait la conversation.

« Je ne veux pas mettre le nez dans vos affaires, dit-il, mais je vois qu'il y a quelque chose qui vous inquiète ; tu n'es plus le même type. Est-ce à propos de la femme ?

"Non", a déclaré Jones, "ce n'est pas ça."

« Eh bien, je ne veux pas fouiller dans vos confidences, et je ne veux pas vous donner de conseils. Si je le faisais, je dirais de me réconcilier avec elle. Tu le sais bien, Rochy, tu lui as fait danser deux fois. Ta sœur m'en a parlé l' autre soir chez les Vernon. Nous avons longuement parlé de toi, Rochy, et nous avons convenu que tu étais le meilleur des gars, mais trop adonné à la gaieté et aux alouettes légères. Vous auriez dû m'entendre parler. Mais blague à part, il est temps que toi et moi nous installions, mon vieux. On ne peut pas mettre de vieilles têtes sur de jeunes épaules, mais nos épaules ne sont plus aussi jeunes qu'avant, Rochy. Et je veux te dire ceci, si tu ne te reconnectes pas avec le harnais, l'autre partie fera un boulon. Je suis tres sérieux. Ce n'est pas la chose à dire à un autre homme, mais toi et moi n'avons aucun secret entre nous, et nous avons toujours été assez clairs l'un envers l'autre - eh bien, c'est ce que je veux dire, et prenez-le comme ça. c'est voulu. Maniloff est après elle. Vous savez, ce type, l' *attaché* à l'ambassade de Russie, un type comme un marqueur de billard, toujours à l'autre bout d'une cigarette, un autre nom, Boris. Il n'a pas un sou pour se bénir. Je sais que non, car j'ai fait des recherches aimables à son sujet par l'intermédiaire de Lewis, raison pour laquelle il voulait acheter un de mes coureurs pour l'exporter vers Roosia. Sept cents de réduction et le solde dans six mois. Lewis m'a servi son passé sur un chargeur. Ce type est pourri par les dettes, divorcé de sa femme et parieur à Monte-Carlo. C'est son vrai métier, jouer aux cartes. C'est un Slave endormi, et si on lui disait que sa maison est en feu, il dirait « nichévo », ce qui veut dire que ça n'a pas d'importance, elle est bien assurée — s'il avait une maison à assurer, ce qui n'est pas le cas. Mais les femmes l'aiment bien, il est comme ça. Mais le Ciel aide la femme qui l'épouse. Il emmènerait son argent et elle à Monte, et quand il lui briserait le cœur, lui gâcherait la vie et dépenserait son argent, il la quitterait et partirait devenir *attaché russe* au Japon ou ailleurs. Je le connais. Ne la laisse pas faire, Rochy.

"Mais comment puis-je l'aider?" » demanda Jones perplexe, qui comprit la signification de l'autre. En réalité, peu lui importait qu'une femme qu'il n'avait vue qu'une seule fois s'enfuie avec un Russe et se ruine à Monte-Carlo, mais ce monde n'est pas entièrement un monde de réalité, et il éprouva un sentiment étonnamment fort. ressentiment à l'idée que la jeune fille du Victoria « s'enfuie » avec un Russe.

On se souvient que dans le bureau de Collins, les propos de l'avocat sur sa « femme » l'avaient presque décidé à jeter ses cartes et à démissionner. Cette épouse obscure, mentionnée pour la première fois par la femme oiseau, avait en fait été le seul obstacle insurmontable qui se sentait vaguement sur le chemin de sa grande détermination à réparer là où Rochester avait échoué, à mener les batailles de Rochester, à devenir le comte de Rochester de façon permanente. peut-être, ou, à défaut, prendre sa retraite et disparaître aux États-Unis avec des choix honorables.

La vue de l'objet réel avait cependant modifié toute la situation. La romance avait soudainement touché Victor Jones ; les voiles magnifiques mais sordides à travers lesquels il avait poussé s'étaient fendus en une sorte de baguette mystique et étaient devenus le feuillage du pays des fées.

"Je veux te dire que tu es un vieux con."

Ces mots suffisaient sûrement à briser n'importe quel rêve, à transformer n'importe quelle situation en pathos. Dans le cas de Jones, ils avaient agi comme un sort des plus puissants. Il pouvait encore entendre la voix, courroucée, mais avec une pointe de gaieté, dorée, individuelle, envoûtante.

"Comment allez-vous l'aider?" dit Spence. «Eh bien, va te réconcilier avec elle, donne un coup de pied au vieux Nichévo. Les femmes aiment les types qui donnent des coups de pied aux autres ; ils prétendent que non, mais ils le font. Soit tu fais ça, soit tu prends un fusil et tu lui tires dessus, elle serait mieux tuée qu'avec ce type-là.

Il alluma une cigarette et ils passèrent dans la salle de jeu, où Spence, regardant sa montre, déclara qu'il devait partir pour respecter un rendez-vous. Ils se dirent au revoir dans la rue et Jones retourna à Carlton House Terrace.

Il avait beaucoup de choses à penser.

La pile de lettres attendant une réponse sur la table du fumoir lui rappela qu'il avait oublié un besoin des plus pressants : une dactylographe. Il pouvait très bien signer des lettres, avec une très bonne imitation de la signature de Rochester, mais une lettre holographique de la même main était au-delà de ses capacités. Alors une idée lumineuse lui vint : pourquoi ne pas répondre à ces lettres par des télégrammes à six sous, qu'il pourrait remettre lui-même ?

Il trouva une liasse de formulaires télégraphiques dans le bureau et s'assit devant les lettres, les traitant une à une et avec le plus de pertinence possible. C'était un jeu plutôt intéressant et amusant, et quand il eut fini, il se sentit assez satisfait. « Triblement désolé, je ne peux pas venir », fut la réponse aux invitations au dîner. La lettre signée « Childersley » l'inquiétait, jusqu'à ce qu'il recherche le nom dans « Who's Who » et trouve un Lord qui y répondait à la même adresse que celle indiquée sur le papier à lettres.

Il avait frappé par hasard sur l'un des soulagements d'une grande misère de la vie civilisée, en répondant aux Lettres, et il avait envie de le breveter.

Il quitta la maison avec la liasse de télégrammes, trouva le bureau de poste le plus proche, situé juste en face de la gare de Charing Cross, et revint. Puis allumant un cigare, il prit sur ses genoux le sympathique et infatigable « Who's Who » et se mit à tourner les pages avec indolence. C'est un volume des plus intéressants pour un moment de repos, plein de romances éparses, de récits de lutte et d'aventure, compressés en quelques lignes, de fragments d'histoire et d'épitaphes d'hommes encore vivants.

"Je veux te dire que tu es un vieux con."

Les mots qui résonnaient encore dans ses oreilles le firent se tourner à nouveau vers le nom de Plinlimon. Le contraste entre Lady Plinlimon et la jeune fille, dont la vision dominait son esprit, s'accentua de nouveau à la vue du nom imprimé.

Cul! Ce nom ne s'appliquait pas à Rochester. Lui attribuer un pseudonyme approprié serait impossible. Imbécile, idiot, somptueux – Jones les a tous essayés sur l'image du défunt, mais ils étaient trop petits.

« Plinlimon : 3e baron », lit Jones, « créé en 1831, Albert James, b. 10 mars 1862. OS du second baron et Julia d. de JH Thompson de Clifton, m. Saphira, d. de Marcus Mulhausen, éducateur. en privé. Adressez-vous à The Roost, Tite Street, Chelsea.

Mulhouse! Il a failli laisser tomber le livre. Mulhouse! Collins, son bureau et cette terrible fête de famille se sont tous levés devant lui. C'était là le coquin qui avait fait sortir Rochester de la mine de charbon, le père de la femme qui l'avait fait sortir parmi des milliers. Le paragraphe de « Who's Who » est passé d'un imprimé à un nid de vipères frétillantes. Il jeta le livre sur la table, se leva et commença à arpenter la pièce.

La jeune femme du Victoria, sa propre position, tout fut oublié, avant que le fait monstrueux soit à moitié deviné, à moitié vu.

Rochester avait été pillé à droite et à gauche par ces harpies. Il avait reçu du père cinq mille livres pour un terrain valant un million, il en avait payé huit mille, soit une bonne partie de huit mille à la fille. C'est une belle affaire !

J'ai comparé Jones, lorsqu'il combattait les campagnols, à un terrier. Il avait beaucoup de terrier dans sa composition, l'honnêteté, l'instinct d'extermination et la fureur devant la vermine. Les hommes courent en groupes d'animaux, et si vous étudiez les animaux, vous ne serez surpris que par la vieille fureur raciale qui éclate chez l'animal le plus civilisé devant l'ancienne proie ou l'ennemi.

Pendant quelques secondes, alors qu'il arpentait le sol, Jones se retrouva dans l'état mental d'un chien à proximité d'un blaireau enclos. Puis il commença à réfléchir clairement. La réalité évidente était que les Voles, les Plinlimon et Mulhausen formaient un gang ; on présumait que l'argent du chantage était revenu à Mulhausen, ou du moins une grande partie.

Mulhausen était-il l'araignée de la toile ? Est-ce que tout le reste était ses outils et instruments ?

Jones avait une grande connaissance instinctive des femmes. Il ne croyait pas dans son cœur qu'une femme puisse être si abjecte qu'elle utilise des lettres d'amour qui lui sont adressées dans le but d'extorquer de l'argent à l'homme qui les a écrites. Ou plutôt que, même si elle pouvait les utiliser, il était peu probable qu'elle en invente la méthode. Toute cette affaire avait le cachet d'un esprit masculin et totalement sans scrupules. Même au début, il l'avait vaguement entrevu, lorsqu'il considérait comme probable que lord Plinlimon était impliqué dans cette affaire.

« Maintenant, pensa Jones, si je pouvais ramener cela à Mulhausen, je pourrais lui reprendre cette mine de charbon. Je pourrais bien sûr.

Il s'est assis et a allumé un autre cigare pour l'aider à résoudre ce problème.

C'était très facile de dire « écraser Mulhausen », c'était une autre chose de le faire. Il est arrivé à cette conclusion après quelques minutes de concentration sérieuse sur cette personne problématique. Jusqu'à présent, il avait eu affaire à de petits hommes et à des gaspilleurs. Campagnols était un simple scélérat, assez facilement renversé par des méthodes directes. Mais il devinait que Marcus Mulhausen était un grand homme. La première chose à faire était de vérifier cette supposition. Il sonna et fit appeler M. Church.

« Entrez, dit-il lorsque celui-ci parut, et fermez la porte. Je veux te demander quelque chose."

"Oui mon Seigneur."

« C'est juste ça. Je veux que vous me disiez ce que vous pensez de Lord Plinlimon et ce que vous avez entendu dire à son sujet. J'ai mes propres opinions, je veux les vôtres.

«Eh bien, mon Seigneur», commença Church. "Ce n'est pas à moi de dire quoi que ce soit contre Sa Seigneurie, mais puisque vous me le demandez, je dirai que l'opinion générale est que Sa Seigneurie est un peu... douce."

"Pensez-vous qu'il est hétéro?"

"Oui, mon Seigneur, c'est-à-dire..."

"Crache-le", a déclaré Jones.

« Eh bien, monseigneur, il doit de l'argent, c'est bien connu ; et j'ai entendu dire que beaucoup d'argent avait été perdu aux cartes dans sa maison, mais pas par sa faute. En effet, c'est vous-même qui m'avez dit quelque chose à cet effet, mon Seigneur.

« Oui, c'est ce que j'ai fait. Mais ce à quoi je veux en venir, c'est ceci. Pensez-vous que ce soit un homme qui ferait des choses scélérates, c'est clair ?

« Oh, non, mon Seigneur, il est assez hétéro. C'est l'autre partie.

« Tu veux dire sa femme ? »

"Non, mon Seigneur, son frère, M. Julian."

"Ah!"

L'église s'est un peu réchauffée. « Il est toujours là, vit principalement avec eux. Vous voyez, mon Seigneur, il n'a pas ce que vous pourriez appeler un statut propre, mais il parvient à se faire connaître des gens par l'intermédiaire de Madame.

"Un peu nul", a déclaré Jones.

M. Church acquiesça. L'expression était nouvelle pour lui, mais elle semblait s'appliquer.

Puis Jones l'a renvoyé.

La lumière devenait de plus en plus claire. Voici un autre membre du gang, un autre instrument de Marcus Mulhausen.

« Demain, se dit Jones, j'irai chercher ces types. Les campagnols sont la clé de beaucoup d'entre eux, et j'ai complètement les campagnols sous ma coupe.

Puis il chassa cette question de son esprit pendant un moment et se remit à penser à la jeune fille, à sa femme, à la femme de Rochester.

L'étrange pensée lui vint qu'elle était veuve et qu'elle ne le savait pas.

Il dîna dehors ce soir-là, se rendit dans un petit restaurant de Soho, et se coucha tôt, afin d'être frais pour les affaires du lendemain.

Il s'était à nouveau consulté dans « Who's Who » et avait découvert que sa femme s'appelait Teresa. Thérèse. Le nom lui plaisait vaguement, et maintenant qu'il l'avait saisi, il lui restait comme une bavure dans l'esprit. S'il pouvait seulement donner suite à la proposition de Mulhausen, reprendre la mienne, faire ses preuves, est-ce qu'elle, s'il lui disait tout, est-ce qu'elle… ?

Il s'endormit en murmurant le mot Teresa.

CHAPITRE XIII

TÉRÉSA

Il se réveilla le lendemain matin et trouva la vision de Teresa, comtesse de Rochester - c'est ainsi qu'il l'appelait - debout à son chevet.

Avez-vous déjà réfléchi un instant à l'influence des femmes ? Allez à une réunion publique composée uniquement d'hommes et voyez quelle lourde affaire cela peut être, surtout si vous êtes orateur ; répandez quelques femmes dans le public et contemplez l'effet vivifiant. Lors d'une fête ou d'une réunion publique dans le Wheat Pit ou sur le champ de bataille, les femmes, ou le souvenir d'une femme, constituent l'un des plus grands animateurs de conversation, de discours ou d'action. La plupart des hommes mènent la bataille de la vie pour une femme. Jones, alors qu'il s'asseyait et buvait son thé du matin, tout en contemplant la vision de Teresa, comtesse de Rochester, avait trouvé, presque à son insu, une nouvelle incitation à l'action.

Hier, la position avait commencé à s'affaisser, très peu de choses l'auraient fait « abandonner », prendre cent livres sur les huit mille et un passage par le prochain bateau vers les États-Unis ; mais cette fille du Victoria, ces yeux, cette voix, ces mots, ils avaient tout changé.

Était-il amoureux ? Peut-être pas, mais il était fasciné, retenu, ébloui.

Plus encore, le monde semblait étrange, plus lumineux ; il se sentait plus jeune, rempli de l'énergie d'une nouvelle marque. Il sifflait en traversant la pièce pour regarder par la fenêtre et, tout en se baignant, il aspergeait l'eau comme un garçon.

Il était facile de voir que le malheureux était tombé dans une position plus fantastique et infiniment plus dangereuse que toutes les positions qu'il avait occupées jusqu'ici depuis qu'il avait mis les pieds dans la maison de Rochester.

Cet humoriste disparu et fantastique aurait trouvé de quoi nourrir ses pensées s'il était revenu.

Le chéquier de la Banque Nationale Provinciale arriva par le premier courrier et, après le petit déjeuner, il le rangea dans un tiroir du bureau, dans le fumoir. Il parcourut l'habituelle liasse de lettres provenant d'inconnus, de commerçants dont les comptes portaient la mention « compte rendu » et de messieurs qui signaient eux-mêmes des noms de comtés. L'un de ces derniers parut indigné.

« *Je prends ça très mal de votre part, Rochester* », dit-il. « *Je l'ai enfin découvert, vous êtes l'homme responsable de ce télégramme. J'ai perdu trois jours et une nuit de sommeil en me précipitant vers Cumberland pour une chasse à l'oie sauvage, et je raconte tout cela aux gens. Un jour, tu te retrouveras dans le pétrin. Les blagues qui peuvent être drôles parmi les garçons des pensionnats ne sont pas à leur place parmi les hommes.*

« LANGWATHBY ».

Jones décida d'envoyer à Langwathby un télégramme d'excuses lorsqu'il eut le temps de rechercher son nom dans « Who's Who » ; puis il mit les lettres de côté, demanda son chapeau et sa canne et quitta la maison.

Il allait d'abord à Voles.

Les campagnols étaient sa grosse artillerie. Il devinait que le combat avec Marcus Mulhausen serait une bataille à mort. Il comptait beaucoup sur Campagnols. À Trafalgar Square, il a appelé un taxi et a demandé au chauffeur de l'emmener jusqu'à Jermyn Street.

PARTIE III

CHAPITRE XIV

L'ATTAQUE

AS Voles, prêteur d'argent et escompteur d'effets, vivait de son commerce. C'est à dire que son bureau était sa salle à manger. Il était propriétaire de la maison de Jermyn Street. Jones, congédiant le taxi, sonna et fut admis par un domestique qui, ne sachant pas si M. Voles était là ou non, invita le visiteur dans une petite pièce à droite du hall d'entrée et lui ferma la porte. .

La pièce contenait une table de bureau, trois chaises, une carte à grande échelle de Londres, un almanach de Phoenix Insurance et une reproduction en photogravure de Mona Lisa. Le sol était recouvert de linoléum et la fenêtre donnait sur un mur blanc.

C'était la pièce où devaient attendre les créanciers et les visiteurs égarés. Jones prit une chaise et regarda autour de lui.

L'humanité peut être divisée en trois classes : ceux qui, après avoir vu, adorent, ceux qui tolèrent et ceux qui détestent Mona Lisa. Jones la détestait. Ce visage méfiant, sournois, glissant et venimeux lui était odieux comme le masque d'un serpent.

Il regardait la dame lorsque la porte s'ouvrit et que Campagnol entra.

Les campagnols avaient l'air plus jaunes et plus vieux ce matin, mais son visage ne montrait aucune trace de ressentiment. Le retour du comte de Rochester contre lui avait été la seule grande surprise de sa vie. Il avait toujours cru connaître le caractère, et son imagination n'était pas mal fondée. Sa confiance en lui avait été ébranlée.

«Bonjour», dit Jones. "Je suis venu avoir une petite conversation avec vous."

"Asseyez-vous", dit Voles.

Ils s'assirent, Campagnols devant le bureau.

« Je ne suis pas venu pour me battre », a déclaré Jones, « juste pour parler. Vous savez que Marcus Mulhausen m'a offert cette terre galloise pour cinq mille dollars, et qu'elle vaut peut-être un million maintenant.

Les campagnols acquiescèrent.

"Eh bien, Mulhausen doit restituer cette propriété."

Les campagnols ont ri.

« Tu n'as pas besoin de rire. Vous avez vu mon côté dur. Je te tends la main maintenant, mais je n'ai aucune raison de rire. Je vais écorcher Mulhausen.

"Eh bien," dit Voles. "Qu'est-ce que j'ai à voir avec ça?"

"Tu es le couteau."

"Oh!"

"Oui en effet. Parlons. Lorsque vous avez reçu ces huit mille dollars de ma part, vous n'étiez que l'agent de la femme Plinlimon, et elle n'était que l'agent de Marcus. Elle a eu quelque chose, tu as quelque chose, mais c'est Marcus qui a eu le plus. Julian a eu quelque chose aussi, mais c'est Marcus qui a eu les joints. Il vous a donné à trois la tête, les sabots, les entrailles et la queue. J'en ai eu avec la femme Plinlimon et je sais. Vous étiez un gang.

Des campagnols se soulevèrent sur sa chaise.

"Qu'as-tu à dire de plus ?" » demanda-t-il d'une voix épaisse.

"Beaucoup. Il n'y a rien de plus difficile à atteindre qu'un gang, car ils se cachent mutuellement. Je vous paie une certaine somme en espèces, vous déduisez votre commission et remettez le reste à la femme Plinlimon, elle paie son père et en reçoit quelques centaines pour payer sa modiste. Qui doit prouver quoi que ce soit ? Aucun contrôle n'a été passé.

"Juste comme ça", a déclaré Voles.

"Je suis heureux que vous compreniez mon point de vue", a répondu Jones. "Maintenant, si vous ne pouvez pas dénouer un nœud, vous pouvez toujours le couper si vous avez un couteau, n'est-ce pas ?"

Campagnols haussa les épaules.

"Eh bien, j'ai dit que tu étais un couteau, n'est-ce pas, et je vais couper ce nœud avec toi, tu vois ce que je veux dire ?"

"Pas le moindre."

« Je suis désolé, parce que cela me fait parler clairement, et c'est désagréable. C'est ce que je veux dire. Je dois récupérer cette propriété, sinon j'irai voir la police et j'enchaînerai toute la bande. Racontez toute l'histoire. J'accuserai Marcus. Comprends-tu cela? Marcus, et la fille de Marcus, et le fils de Marcus, et toi. Et je ne ferai pas ça demain, je le ferai aujourd'hui. Ce soir, vous serez tous en prison.

« Vous avez dit que vous n'étiez pas venu pour vous battre », s'écria Voles. "Que veux-tu? N'en as-tu pas assez de moi ? Pourtant tu me conduis comme ça. C'est dangereux."

« Je ne suis pas venu pour me battre. Du moins pas vous. Au contraire, quand je récupérerai cette propriété, si elle s'avère valoir un million, je vous rembourserai peut-être vos pertes. Vous avez payé le prix fort pour Marcus, il me semble.

"Oui," gémit Voles.

Ces deux mots prouvèrent à Jones qu'il avait raison jusqu'au bout.

"Eh bien, c'est contre Marcus que je suis confronté, et tu dois m'aider."

Puis Voles commença à parler. Le quelque chose d'oriental dans sa nature, ce quelque chose qui l'avait poussé ce soir-là à se précipiter les bras ouverts vers le connétable, commençait maintenant à parler.

Aide contre Marcus ! Que pouvait-il faire contre Marcus ? Pourquoi Marcus Mulhausen le tenait au creux de sa main. Marcus tenait tout le monde dans ses bras : sa fille, son mari, son propre fils Julian, sans parler d'AS Voles et des autres.

Jones écouta tout cela avec une attention patiente, et quand l'autre eut fini et s'essuya les paumes de ses mains avec son mouchoir, il dit :

"Mais Marcus est quand même retenu par le fait qu'il fait partie d'un gang."

Les campagnols firent un mouvement avec sa main.

« Ne m'interrompez pas. La tête d'un requin en est la partie la plus intelligente, mais il doit souffrir avec le corps lorsque le requin tout entier est capturé ; c'est la solution dans laquelle se trouve Marcus. Quand je me rapprocherai de vous tous, Marcus sera le premier à entrer dans la cruche. Maintenant, voyez ici, vous devez suivre mes ordres ; ils ne seront pas difficiles.

"Quels sont-ils?"

"Vous devez m'écrire une note que je transmettrai à Marcus, lui disant que le jeu est terminé, que le gang a éclaté et qu'il doit tenir ses promesses."

"Pourquoi, qu'est-ce que tu as?" dit Volès.

"Qu'est-ce qui m'arrive ?"

"Vous ne parlez pas comme vous-même – vous n'avez jamais été comme vous-même depuis que vous avez adopté cette ligne."

Jones se sentit changer de couleur. Dans son enthousiasme, il avait laissé sa voix s'enfuir avec lui.

« Peu importe que je sois comme moi-même ou non, dit-il, vous devez écrire cette note et le faire maintenant pendant que je dicte. »

Les campagnols tambourinaient sur le bureau avec ses doigts, puis il sortit d'un tiroir une feuille de papier et une enveloppe.

«Eh bien, dit-il, qu'est-ce que ça va être?»

"Rien d'alarmant", dit l'autre. « Juste trois mots. « Tout est fini » – comment lui adresser la parole ? »

Sans réponse, Voles a écrit.

 " *Cher M.*

  « *Tout est fini.* "

"Cela fera l'affaire", a déclaré Jones, "maintenant signez votre nom et adressez l'enveloppe."

Les campagnols l'ont fait.

Jones mit la lettre dans sa poche.

«Eh bien, dit-il, cela met fin à l'affaire. J'espère qu'avec cela et ce que j'ai à lui dire, Marcus se séparera, et comme je l'ai dit, si les choses se passent comme je l'espère, peut-être que je réparerai vos pertes - je n'ai aucune querelle avec vous - seulement Marcus. »

Soudain, Voles parla.

« Pour l'amour de Dieu, dit-il, faites attention à la façon dont vous traitez ce type ; on n'a jamais eu raison de lui, maudis-le. Allez-y prudemment.

"Vous n'avez jamais peur", a déclaré Jones.

CHAPITRE XV

L'ATTAQUE (*suite*)

Jones avait déjà obtenu l'adresse de Marcus Mulhausen auprès du précieux Kelly.

Mulhausen était un financier. Un financier est un homme qui gagne de l'argent sans métier ni profession, et Mulhausen avait gagné beaucoup d'argent, malgré cette limitation, au cours de ses vingt années de vie d'affaires, qui avaient commencé assez humblement derrière le comptoir d'un prêteur sur gages des Minories. .

Ses bureaux étaient situés à Chancery Lane. Ils se composaient de trois pièces : une salle d'attente extérieure, une pièce habitée par trois commis, c'est-à-dire un commis principal, M. Aaronson, et deux subordonnés, et une pièce intérieure où habitait Mulhausen.

Jones, après avoir donné son nom, fut immédiatement conduit dans la pièce intérieure où Mulhausen était assis à son bureau.

Mulhausen était un homme d'une soixantaine d'années, petit, d'apparence fragile, avec des moustaches grises et des yeux somnolents aux paupières lourdes.

Il fit un signe de tête à Jones et lui indiqua une chaise. Puis il termina son travail, la lecture d'une lettre, la plaça sous un presse-papier en agate, et se tourna vers le nouveau venu.

"Que puis-je faire pour toi ce matin?" demanda Mulhausen.

"Vous pouvez simplement lire cette lettre", a déclaré Jones.

Il remit la lettre de Voles.

Mulhausen mit ses lunettes, ouvrit la lettre et la lut. Puis il posa la lettre ouverte sur celle située sous le presse-papier en agate, déchira l'enveloppe et jeta les deux fragments dans la corbeille à papier derrière lui.

"Rien de plus?" lui demanda-t-il.

« Oui, répondit l'autre, beaucoup plus. Commençons par le début. Vous avez obtenu de moi un bien immobilier valant jusqu'à un million de livres sterling ; vous l'avez payé cinq mille dollars.

"Oui!"

"Vous devez me restituer cette propriété."

«Je vous demande pardon», dit Mulhausen. « Faites-vous référence aux terres de Glanafwyn ? »

"Oui."

"Je vois. Et je dois vous les rendre – quelque chose de plus ?

"Non c'est tout. J'ai reçu hier les lettres de votre fille de Voles. Soyons clairs les uns avec les autres. Voles a tout avoué. J'ai ses aveux sous sa propre écriture, vous êtes tous dans un filet, toute votre bande – vous, votre fille, votre fils et Campagnols. Tu m'as déplumé comme une dinde. Vous connaissez toute l'affaire aussi bien que moi, et si je ne récupère pas ces biens avant cinq heures aujourd'hui, j'irai au commissariat le plus proche et je porterai une dénonciation contre vous.

« Je vois, dit Mulhausen sans broncher, vous allez tous nous mettre en prison, n'est-ce pas ? Ce serait très désagréable. Vraiment très désagréable.

Il se leva, se dirigea vers des boîtes en fer blanc situées sur un rebord derrière lui, sortit ses clés et en ouvrit une.

Jones, pensant qu'il allait produire les titres de propriété, sentit un petit sursaut au niveau de son cartilage thyroïde. C'était une victoire sans bataille. Mais M. Marcus Mulhausen n'a pris aucun titre de propriété dans la boîte. Il sortit une trousse à lettres, revint avec elle à la table et s'assit.

Puis, tenant la trousse devant lui, il regarda Jones par-dessus ses lunettes.

«Espèce de voyou», dit Mulhausen.

Ce fut le moment le plus formidable de la vie de Jones. Mulhausen, passé de criminel, était soudain devenu juge. Il parlait avec une telle conviction absolue, une telle aisance, un sentiment de pouvoir et de mépris, qu'il ne faisait aucun doute qu'il détenait les cartes gagnantes. Il ouvrit la boîte aux lettres et en sortit un papier.

« Voici la lettre de change de deux cent cinquante livres, sur laquelle vous avez falsifié le nom de sir Pleydell Tuffnell », dit Marcus Mulhausen en étalant le papier devant lui. «C'était il y a deux ans. Nous connaissons tous Sir Pleydell et sa simplicité. Il est si insouciant que vous pensiez qu'il ne le découvrirait jamais ; tellement bien qu'il ne poursuivrait jamais. Mais il est tombé entre mes mains, c'est ma propriété, et je n'hésite pas à avoir affaire à des coquins. Maintenant, pensez-vous un instant que si j'avais agi contre vous d'une manière illégale – ce que je nie – je l'aurais fait sans protecteur ? Pourriez-vous trouver une meilleure protection que celle-ci ? La peine pour contrefaçon, je vous le rappelle, est d'au moins cinq ans de travaux forcés. Il baissa les yeux sur le document avec un sourire froid, puis il leva de nouveau les yeux vers sa victime. Jones vit qu'il avait fini ; fait non pas par Marcus

Mulhausen, mais par Rochester. Il avait trébuché sur un défaut du caractère de Rochester, tout comme un homme trébuche sur un défaut dans un tapis. Puis la rage l'envahit. La vue de l'horrible coquin à favoris, triomphant et jubilatoire, réveilla le chien dans sa nature et toute l'astuce qui était cachée en lui.

Il poussa un soupir, se leva d'un air brisé et s'approcha du bureau et de la créature derrière lui.

"Vous êtes un homme plus intelligent que moi", dit-il, "serrez la main et arrêtez."

L'instant d'après, il avait arraché le papier des doigts qui le tenaient, l'avait froissé et l'avait fourré dans sa bouche. Il se précipita vers la porte et la ferma à clé, tandis que Mulhausen, criant comme une femme, l'atteignait et le saisissait par les épaules.

Puis, se retournant rapidement, Jones attrapa le financier par les deux bras et le tint ainsi, mâchant, mâchant, mâchant, muet et faisant face à l'autre qui criait.

Ils frappaient à la porte dehors. M. Aaronson et les employés, gens inutiles pour enfoncer les portes, aidaient leur employeur de leurs voix. Surtout, tout le bloc de bureaux était soulevé et des garçons et des téléphones appelaient la police.

Pendant ce temps, Jones mâchait et la facture se transformait lentement en ce que le physiologiste appelle un bolus. Il fallut trois minutes avant que le bolus, convenablement salivé et soulevé par la langue, franchisse les piliers antérieurs de la gorge, puis l'épiglotte se ferma, et le bolus glissant dessus et saisi par les muscles de l'œsophage passa à sa demeure destinée.

Jones avait avalé le passé de Rochester, ou du moins une partie la plus importante de celui-ci. L'acte accompli, il s'assit alors qu'un boa constrictor recule, toujours en train d'avaler. Marcus Mulhausen se précipita vers la porte et l'ouvrit. Un immense policier se tenait devant lui, derrière lui se pressaient M. Aaronson et les commis, et derrière eux une douzaine ou deux habitants du quartier, avides de vues sanglantes au loin.

Marcus regarda autour de lui.

"Qu'est-ce que c'est que tout ça ?" a-t-il dit. « Il n'y a rien de mal, juste une petite dispute avec un gentleman. Tout est fini. M. Aaronson, vide le bureau. Agent, voici deux shillings pour votre peine. Bonne journée."

Il ferma la porte à la foule déçue et se tourna vers Jones.

La bataille était terminée.

CHAPITRE XVI

UNE SURPRISE SAUVAGE

À cinq heures ce jour-là, le transfert de propriété fut établi et signé par Marcus Mulhausen dans le bureau de Mortimer Collins, et les terres de Glanafwyn redevinrent la propriété du comte de Rochester – « pour la somme de cinq mille livres reçues et reconnu par la présente », indique le document.

Inutile de dire que cinq mille livres ne sont pas passées entre les mains. Collins, perplexe, ne posa aucune question en présence de Mulhausen. Cependant, lorsque ce dernier fut parti, il se tourna vers Jones.

« Lui avez-vous payé cinq mille ? demanda l'avocat.

"Pas un centime", répondit l'autre.

« Eh bien, comment avez-vous fait ce miracle, alors ? »

Jones l'a dit.

« Vous voyez comme je les ai fait coopérer, » termina-t-il. "Eh bien, juste au moment où j'allais attraper le chaton, il a joué l'as de pique et a sorti un vieux document qu'il détenait contre moi."

"Oui?"

"J'ai réfléchi un instant, puis je suis arrivé à une conclusion rapide : je lui ai pris le doc et je l'ai mangé."

« Vous avez mangé le document ? »

"Bien sûr."

Jones s'est frotté le ventre et a ri.

"Eh bien, eh bien", dit l'avocat avec un acquiescement curieux et sans étonnement après le premier sursaut provoqué par cette déclaration surprenante, "nous avons récupéré la propriété, c'est l'essentiel."

"Vous vous souvenez", a déclaré Jones, "je vous ai parlé de louer cet endroit."

« Terrasse de la Maison Carlton ? »

"Oui, eh bien, c'est fini. J'ai réussi. Est-ce que tu vois?"

"M—oui", répondit Collins.

"J'aurai assez d'argent maintenant pour rembourser les hypothèques et tout."

« Sans aucun doute, » dit Collins, « mais, maintenant, ne pensez-vous pas que ce serait une bonne chose si vous bloquiez cette propriété, afin que le hasard ne puisse y toucher. On n'a pas d'enfants, c'est vrai, mais on ne sait jamais. Honnêtement, je pense que vous seriez bien avisé de prendre des précautions.

"Ne vous inquiétez pas", dit Jones avec gaieté. "Je donnerai tout à ma femme quand je pourrai m'entendre avec elle."

"C'est une bonne ouïe", répondit l'autre. Puis Jones prit son départ, laissant les précieux documents entre les mains de l'avocat.

Il était ravi. Il avait prouvé des faits qu'il n'avait jusqu'alors devinés que par instinct, à savoir qu'un fripon est l'homme le plus faible du monde devant un simple marchand, si celui-ci a une arme à la main. L'effondrement presque instantané de Voles et de Mulhausen était dû au fait qu'elles reposaient sur des fondations pourries. Il se disait maintenant, tandis qu'il rentrait chez lui, qu'il n'avait pas besoin de manger ce document. Mulhausen ne l'aurait jamais utilisé. S'il était sorti et avait appelé un policier, Mulhausen, le voyant sérieusement, se serait effondré.

Cependant, la chose avait été mangée et finie et il ne servait à rien de s'inquiéter davantage à ce sujet. Il avait autre chose à penser. Il avait réussi. Il avait sauvé le nom et les domaines de Rochester, il avait récupéré un million huit mille livres, estimant que les terres houillères valaient un million, et plus encore ; c'était un homme sensé, capable de prendre soin de ce qu'il avait récupéré.

La famille Rochester, si elle le savait, n'aurait aucune raison de se plaindre de l'intrus et de la substitution de nouveaux cerveaux et de remplacer la décadence, la folie et la paresse. Le jour où il avait changé de place avec Rochester était le meilleur jour qui se soit jamais levé pour eux.

Il pensait à cela quand tout d'un coup, ce sentiment horrible et irréel dont il avait souffert une fois auparavant le submergea à nouveau. Cette fois, il ne s'agissait pas de perdre son identité, il s'agissait d'un mélange de son propre cerveau entre deux identités. Rochester—Jones—Jones—Rochester. Il lui sembla pendant quelques secondes qu'il ne pouvait pas dire lequel de ces deux individus il était, puis ce sentiment disparut et il reprit son chemin, atteignant Carlton House Terrace peu après six heures.

Il donna son chapeau, sa canne et ses gants au larbin qui lui ouvrit la porte - il avait obtenu un verrou de l'église ce matin-là mais il avait oublié de s'en servir - et traversait la salle lorsqu'une musique l'arrêta. . Les sons d'un piano provenaient d'une porte à droite. Quelqu'un jouait *la Valse Tendre de Chaminade* et la jouait à la perfection.

Jones se tourna vers le domestique.

"Qui est-ce?" Il a demandé.

« C'est Madame, mon Seigneur, elle est arrivée il y a une demi-heure. Ses bagages sont montés à l'étage.

Madame!

Jones, déséquilibré, hésita un instant, *de quelle* seigneurie cela pouvait-il être. Pas certainement cette horrible mère !

Il se dirigea vers la porte, l'ouvrit, trouva un salon de musique, et là, assise devant un piano, la fille du Victoria.

Elle était en tenue d'extérieur et n'avait pas enlevé son chapeau.

Elle le regarda par-dessus son épaule alors qu'il entrait, son visage arborait un demi-sourire, mais elle n'arrêta pas de jouer. Il serait difficile d'imaginer quelque chose de plus fascinant, de plus beau, de plus distrayant que cette image.

Alors qu'il traversait la pièce, elle cessa brusquement de jouer et se tourna sur le tabouret à musique.

«Je suis revenue», dit-elle. « Ju-ju, je ne pouvais pas le supporter. Tu es mauvaise, mais tu es bien meilleure que ta mère et que Venetia. Je vais essayer de te supporter un peu plus longtemps… *Ju-Ju* , qu'est-ce qui te rend si raide et drôle ?

"Je ne sais pas", dit Jones en passant la main sur son front. "J'ai eu une dure journée." Elle le regarda un instant avec curiosité, puis avec pitié, puis avec gentillesse.

Puis elle se leva d'un bond, le fit asseoir sur un grand canapé près du mur et s'assit à côté de lui.

Puis elle lui prit la main.

« Ju-Ju, pourquoi es-tu si idiot ?

"Je ne sais pas", a déclaré Jones.

La caresse de la petite main sertie de bijoux détruisit ses facultés mentales. Il n'osait pas la regarder, il restait simplement assis à regarder devant lui.

« Ils m'ont tout raconté sur la mine de charbon, poursuivit-elle, du moins Venetia, et comment ils vous ont tous harcelé – Venetia était excellente sur ce point. Venetia remuait sa tête affreuse de bouffe pendant qu'elle me disait – ils sont *furieux* de la perte de ce truc au charbon – oh, Ju-Ju, je suis si contente que tu l'aies perdu. C'est méchant, je suppose, mais je suis content.

C'est ce qui m'a fait revenir, la manière dont ils se sont comportés à ton sujet. J'ai écouté et écouté, puis j'ai éclaté. J'ai dit tout ce que je voulais dire depuis six mois à Venetia. Tu sais, elle m'a raconté comment tu es rentré à la maison l'autre soir. Je n'ai rien dit à ce moment-là, j'ai juste écouté et stocké. Puis, hier soir, quand ils se sont tous réunis à propos de la mine de charbon, j'ai continué à l'écouter et à le ranger. Blunders était là ainsi que ta mère et Venetia. Blunders a dit qu'il vous avait traité d'idiot et que vous l'étiez. Puis j'ai éclaté. J'ai dit beaucoup de choses, eh bien, ça y est. Alors je suis revenu – il y avait aussi d'autres raisons. Je ne veux pas être seul. Je veux qu'on prenne soin de moi… je veux qu'on prenne soin de moi… quand je t'ai vu hier à Bond Street… je… je… je… Ju-Ju, est-ce que tu tiens à moi ?

"Oui", a déclaré Jones.

"Je veux avouer, je veux te dire quelque chose."

"Oui."

« Si tu ne tenais pas à moi… si je sentais que ce n'était pas le cas, je… »

"Oui."

« Donnez un coup de pied par-dessus les traces. Je voudrais. Je ne pouvais pas continuer ainsi, seul, comme un chien perdu.

Elle leva ses doigts et les frotta sur ses lèvres.

"Vous ne serez pas seul", dit le malheureux d'une voix sourde. "Il ne faut pas avoir peur de ça." L'inadéquation totale de cette remarque lui vint à l'esprit comme une de ces reconnaissances cauchemardesques que l'on rencontre en règle générale uniquement au Pays des Rêves. Pourtant, elle semblait trouver cela suffisant, son esprit étant peut-être occupé ailleurs.

"Qu'aurais-tu dit si je t'avais fui pour de bon ?" demanda-t-elle. "Auriez-vous été désolé?"

"Oui, terriblement."

"Es-tu content que je sois revenu?"

"Je suis."

« Honnêtement, content ?

"Oui."

"Vraiment content?"

"Oui."

« Honnêtement, vraiment, honnêtement content ?

"Oui."

"Eh bien, moi aussi", dit-elle. Elle lui relâcha la main.

"Maintenant, va me jouer quelque chose. Je veux quelque chose d'apaisant après Venetia – joue-moi le Spianato de Chopin – nous aimions ça avant.

Or, la seule chose que Jones avait jamais jouée dans sa vie était le Star Spangled Banner et cela avec un seul doigt : le Spianato de Chopin !

«Non», dit-il. "Je préfère parler."

« Eh bien, parle alors… pitié ! Voilà le premier gong.

Un son faible et lointain envahit la pièce, palpita et cessa. Elle se leva, ramassa ses gants qu'elle avait jetés sur une chaise, puis se regarda dans un miroir près du piano.

«Vous ne m'avez jamais embrassé», dit-elle, parlant comme moitié à elle-même et moitié à lui, semblant plus engagée dans une critique momentanée et perçante du chapeau qu'elle portait que dans des pensées de baisers. Il s'approcha d'elle comme un écolier, puis, tandis qu'elle relevait son visage, il lui imprima un chaste baiser sur la pommette droite.

Alors, la chose la plus délicieuse qui soit jamais arrivée à un mortel lui est arrivée. Deux paumes chaudes prirent soudain son visage entre elles et deux lèvres humides rencontrèrent les siennes.

Puis elle est partie.

Il s'assit sur le tabouret à musique, hébété, ébloui, ravi, choqué, effrayé, triomphant.

La position était géniale.

Jones n'était pas Lothario. C'était un homme droit, simple, de bon sens, avec un grand respect pour les femmes, et la position de personnage principal dans une mauvaise comédie française n'était pas pour lui. Jones aurait tout aussi bien pensé à embrasser la femme d'un autre homme qu'à se tenir sur la tête au milieu de Broadway.

Se faire passer pour un autre homme et embrasser la femme de cet autre homme sous ce déguisement lui aurait semblé l'acte le plus ignoble qu'une créature à deux pattes puisse accomplir.

Et il venait de le faire. Et la femme de l'autre homme avait… hein ! son visage brûlait encore.

Elle l'avait fait à cause de sa tromperie.

Il se retrouva soudain face à la barrière que le Destin avait astucieusement construite et qu'il avait désormais placée devant lui.

Il n'y avait aucun moyen de s'en remettre ou de s'en remettre, il lui faudrait déclarer sa position *immédiatement* – et quelle position à déclarer !

Elle aimait Rochester.

Tout à coup, ce fait terrible lui apparut dans ses véritables proportions et dans sa véritable signification.

Elle aimait Rochester.

Il devait lui dire la vérité. Pourtant, pour lui dire la vérité, il lui faudrait lui dire que l'homme qu'elle aimait était mort.

Ensuite, elle voudrait des preuves.

Il lui faudrait élever les gens du Savoy Hotel, aller chercher des gens d'Amérique, déterrer Rochester. Horreur! Il n'y avait jamais pensé. Qu'était devenu Rochester ? Jusqu'à présent, il n'avait jamais pensé une seule fois à ce qu'était devenue la dépouille mortelle du défunt bouffon, et il ne s'en souciait pas du tout – pourquoi le ferait-il ?

Mais la femme qui aimait Rochester s'en soucierait. Et lui, Jones, deviendrait à ses yeux une goule, une monstruosité, une horreur.

Il ressentait maintenant une teinte de ce sentiment envers lui-même. Jusqu'alors Rochester avait été pour lui une figure mécanique, une abstraction, mais le fait de l'amour de cette femme avait soudainement transformé l'abstraction en un être humain.

Il ne pouvait pas lui dire qu'il avait laissé les restes de cet être humain, de cet homme qu'elle aimait, entre les mains d'inconnus, sans pitié, comme s'il s'agissait des restes d'un animal.

Il ne pouvait rien lui dire.

Le jeu était terminé, il allait devoir arrêter. Soit cela, soit continuer la mascarade qui était impossible ; ou tout lui dire, ce qui était également impossible.

Pourtant, arrêter serait la frapper cruellement. Elle aimait Rochester.

Rochester, malgré toute sa méchanceté, sa frivolité, son indignité générale – ou peut-être à cause de ces choses – avait réussi à faire en sorte que cette femme l'aime, prenne son parti contre sa famille et revienne vers lui.

S'en aller et la quitter maintenant serait l'acte le plus cruel. Cruel envers elle et tout aussi cruel envers lui-même, fasciné et retenu par elle comme lui. Pourtant, aucune autre voie ne s'offrait à lui. C'est ce qu'il s'est dit, c'est ce qu'il a essayé de se dire, sachant très bien que la seule solution qui s'offrait à lui en tant qu'homme d'honneur était un aveu complet des faits de l'affaire.

S'enfuir serait l'acte d'un lâche ; s'imposer à elle sous le nom de Rochester, un acte de méchant ; lui dire la vérité, un acte d'homme.

Le résultat serait formidable, mais ce n'est qu'en faisant face à ce résultat qu'il pourrait se sortir de cette affaire. Il resta assis pendant une demi-heure, sans bouger. Il se heurtait à l'obstacle le plus insurmontable : son propre caractère. S'il avait été un escroc, tout aurait été facile ; étant un homme plutôt hétéro, tout était impossible.

Il en était arrivé à ce fait fondamental lorsque la porte s'ouvrit et qu'un domestique fit son apparition.

"Le dîner est servi, mon Seigneur."

Dîner!

Il se leva et entra dans la salle. Debout là un moment, indécis, il entendit un rire et leva les yeux. Elle était debout, en tenue de soirée, regardant par-dessus la balustrade du premier palier.

"Eh bien, tu n'es pas habillé!" dit-elle.

«Je… j'ai oublié», répondit-il.

Quelque chose est tombé à ses pieds, c'était une rose. Elle le lui avait lancé et maintenant elle descendait l'escalier vers lui, là où il se tenait, la rose à la main et la distraction au cœur.

« C'est tout à fait honteux de votre part, » dit-elle en le regardant de haut en bas et en lui prenant la rose, « et nous n'avons pas le temps de nous habiller maintenant ; tu n'es pas aussi insouciant que ça, dit-elle en mettant la rose dans son manteau. "Je suppose que c'est parce que j'ai vécu quinze jours seul avec Venetia... qu'aurait fait un mois !" Elle pressa la rose à plat avec sa petite paume.

Puis elle glissa ses doigts dans le creux de son coude et le conduisit jusqu'à la porte de la salle de petit-déjeuner.

Elle entra et il la suivit.

La table du petit-déjeuner avait été réduite et ils dînèrent face à face devant un bol de roses blush.

Ce dîner ne fut pas un succès conversationnel de la part de Jones, un fait dont elle s'aperçut à peine, étant de bonne humeur et pleine d'informations qu'elle était désireuse de partager.

Cela ne lui semblait pas du tout important que les larbins qui l'attendaient écoutaient ou non, elle parlait de la famille, de « votre mère », de « Erreurs » et de « V » et d'autres personnes, touchantes, semblait-il. les sujets les plus intimes et le tout avec une légèreté de ton et d'esprit qui aurait été délicieuse, sans aucun doute, s'il avait connu plus intimement les sujets discutés et si son esprit avait été ouvert à recevoir des impressions agréables.

Il lui faudrait lui raconter immédiatement après le dîner toute sa terrible histoire. C'était comme si le Destin lui disait : « Tu devras la tuer directement après le dîner. »

Tous ces bavardages légers et ce nouveau contentement retrouvé, toute cette luminosité mourrait. Le chagrin pour l'homme qu'elle aimait, la haine pour celui qui l'avait supplanté, l'angoisse, la perplexité, la terreur prendraient leur place.

Le terrible repas terminé, elle fit servir du café dans le salon de musique. Il resta un moment derrière lui, tripotant une cigarette. Puis, lorsqu'il entra dans la salle, la sueur perlant sur son front, il entendit les notes du piano.

C'était une Mazurka de Chopin, jouée avec gaieté et brio, et pourtant aucune marche funèbre n'a jamais sonné plus fatalement aux oreilles des mortels.

Il ne pouvait pas le faire. Puis... il tourna la poignée de la porte de la salle de musique et entra.

CHAPITRE XVII

LA DEUXIÈME LUNE DE MIEL

Seules trois lumières électriques étaient allumées dans la salle de musique. Dans la lumière rose et les pénombres, la pièce paraissait plus grande qu'à la lumière du jour, et différente.

Elle avait erré de la Mazurka à la Mélodie Op de Paderewski. 8. N° 3, une sorte de mélodie solitaire, lui semblait-il, alors qu'il se laissait tomber sur une chaise, croisait les jambes et écoutait.

Puis, en écoutant, il commença à réfléchir. Jusqu'alors ses pensées étaient confuses, se poursuivant ou poursuivies par la monstruosité de la situation. Maintenant, il pensait clairement.

Elle était à lui, cette fille assise là au piano avec la lumière sur ses cheveux, la lumière sur ses épaules nues et le tissu brillant de sa robe. Il n'avait qu'à lui tendre la main et à la prendre. Absolument à lui, et il ne l'avait rencontrée que deux fois. Elle était la plus belle femme de Londres, elle avait un esprit qui aurait rendu une femme ordinaire attirante, et des manières charmantes, pleines de surprises, de contrariétés et de tendresses – et elle l'aimait.

Les Mille et Une Nuits ne contenaient rien de tel, et le cerveau qui a conçu Tantale n'avait pas non plus atteint les sommets atteints par accident et par coïncidence.

Elle termina le morceau, se leva, retourna quelques partitions puis traversa la pièce, flotta à travers la pièce et se percha sur le bras du grand fauteuil dans lequel il était assis. Puis il sentit ses doigts sur ses cheveux.

« Je veux sentir tes bosses pour voir si tu t'es amélioré – Ju-ju, ta tête n'est plus aussi plate qu'avant. Cela semble avoir une forme différente, plus jolie. Blunders est aussi plat qu'une crêpe sur sa tête. La planéité est une affaire de famille, je suppose. Regardez les pieds de Venetia ! Ju-ju, l'as-tu déjà vue avec des pantoufles de bain en feutre ?

"Non."

« J'ai… et une longue robe de chambre jaune, et ses cheveux sur ses épaules tout mouillés, en queues de rat. Je ne suis pas un chat, mais elle me donne l'impression d'en être un et de parler comme tel. Je veux l'oublier. Tu te souviens de notre lune de miel ?

"Oui."

Elle lui avait pris la main et la tenait.

« Nous étions alors heureux. Recommençons et que ce soit notre deuxième lune de miel, et nous ne nous disputerons pas une seule fois, n'est-ce pas ?

"Non, nous ne le ferons pas", a déclaré Jones.

Elle se glissa sur la chaise à côté de lui, passa son bras autour d'elle et leva ses lèvres.

"Maintenant tu m'embrasses vraiment," murmura-t-elle; "Tu avais l'air à moitié effrayé avant—Ju-ju, je veux faire une confession."

"Oui?"

"Eh bien, quelqu'un a fait semblant de se soucier beaucoup de moi il y a peu de temps."

"Qui était-ce?"

"Pas grave. Je suis allé hier soir à un bal chez les Crawley et il était là.

"Oui."

« Oui, c'est tout ce que tu as à dire ? Vous ne semblez pas très intéressé.

"Mais je le suis."

« Je ne veux pas que tu sois trop intéressé et que tu fasses des scènes et tout ça – même si tu ne peux pas car tu ne connais pas son nom. Il suffit de te dire – comme le disent les livres – que c'est un très bel homme, beaucoup, beaucoup plus beau que toi, Ju… Eh bien, écoute-moi. Il m'a demandé de m'enfuir avec lui.

« S'enfuir avec lui ?

« Oui… en Espagne. Nous devions aller d'abord à Paris, puis en Espagne – l'Espagne, à cette époque de l'année !

"Qu'est-ce que vous avez dit?"

« J'ai dit : 'S'il vous plaît, ne soyez pas stupide.' J'avais lu un roman dans lequel une fille disait cela à un homme qui voulait s'enfuir avec elle – elle est morte à la fin – mais c'est ce qu'elle a dit au début – Heureusement que je m'en suis souvenu.

"Pourquoi?"

« Parce que… parce que… pendant un moment, j'ai eu envie de dire « oui ». Je sais que c'était épouvantable, mais pensez à ma situation, à vous qui continuez comme ça, et à moi tout seul sans personne pour s'occuper de moi : c'est comme une envie de boire. Je dois avoir quelqu'un pour prendre soin de moi et je pensais que ce n'était pas le cas, alors j'ai failli dire « oui ». Une fois que j'ai dit ce que j'avais fait, je me suis senti plus fort.

"Qu'a t'il dit?"

« Il a plaidé avec passion – comme l'homme du livre, et a parlé de roses et de mers bleues – il n'est pas anglais – je pensais à Venetia dans ses pantoufles de salle de bain en feutre et son emballage jaune. Vous savez qu'elle lit St. Thomas à Kempis et ouvre des bazars. Elle en a ouvert un l'autre jour et est revenue le nez tout rouge et d'une humeur horrible - je me demande ce qu'il y avait à l'intérieur de ce bazar ? - Eh bien, je savais que si je faisais quelque chose de stupide, Venetia exulterait, et cela m'a tenu ferme. Elle n'est pas méchante. Je crois qu'elle est vraiment bonne dans la mesure où elle sait le faire, et c'est ce qui est terrible chez elle. Elle va deux fois à l'église le dimanche, elle apporte des puddings et d'autres choses aux vieilles femmes de la campagne, elle ouvre des bazars et s'abonne à des écoles en lambeaux - et pourtant, d'un seul mot, elle met tout le monde aux oreilles - Eh bien, quand je suis rentré du bal, je J'ai commencé à réfléchir, et aujourd'hui, quand ils étaient tous sortis, j'ai fait faire mes cartons et je suis revenu ici. J'aurais donné n'importe quoi pour voir leurs visages quand ils rentraient à la maison et me trouvaient parti.

Elle se releva brusquement. On frappa à la porte, elle s'ouvrit et un domestique annonça Miss Birdbrook.

Venetia n'avait pas changé ce soir-là, elle portait toujours son grand chapeau. Elle ignora Jones et, se levant, parla laconiquement à Teresa.

« Alors tu nous as quittés ? »

"Oui", répondit l'autre. "Je suis revenu ici, ça te dérange?"

"JE?" dit Vénétie. "Ce n'est pas du tout une question de mon avis, seulement c'était soudain, et comme vous n'avez laissé aucun mot sur l'endroit où vous alliez, nous avons pensé qu'il valait mieux s'assurer que vous alliez bien."

Elle s'assit inconfortablement sur une chaise et la comtesse de Rochester se percha de nouveau près de Jones.

"Oui, je vais bien", dit-elle en posant sa main sur son épaule.

Venetia déglutit.

"Je suis heureuse de le savoir", a-t-elle déclaré. « Nous avons essayé de vous mettre à l'aise – je ne peux nier que maman soit légèrement blessée de ne pas avoir de nouvelles de vous avant de partir, et il faut admettre que cela ne peut que paraître étrange aux domestiques que vous partiez ainsi – mais bien sûr, c'est tout à fait une raison. question de goût. »

« Vous voulez dire, dit Teresa, que c'était de mauvais goût de ma part… eh bien, je m'excuse. Je suis désolé, mais le besoin soudain de revenir ici était plus que ce à quoi je pouvais résister. J'aurais écrit ce soir.

" Oh, cela n'a pas d'importance, " dit Venetia, " l'affaire est faite. Eh bien, je dois y aller, mais avez-vous tous les deux réfléchi à l'avenir et à tout ce qu'il implique ?

« Vraiment, Ju-ju ? » demanda la jeune fille en caressant la tête de Jones avec caresse.

"Oui", a déclaré Jones.

« Je suis sûr, » continua Venetia avec un soupir, « j'ai toujours fait de mon mieux pour que les choses restent ensemble. J'ai échoué. Était-ce ma faute ?

"Non", dit Teresa, impatiente de son départ. "Je suis sûr que ce n'était pas le cas."

« Je suis heureux de vous entendre dire cela. J'ai toujours essayé d'éviter de m'immiscer dans ta vie. Je ne l'ai jamais fait, ou seulement lorsque la prudence ordinaire m'a fait parler, comme par exemple dans cette affaire de baccara.

« Ne ramasse pas de vieilles choses », dit soudain Teresa.

"Et l'affaire Williamson", a déclaré Venetia. « Oh, je suis le tout dernier à remuer les choses, comme vous dites. Pour ma part, je ne dirai pas plus de choses qui se sont produites, mais je *dois* parler de choses qui me concernent.

« Qu'est-ce qui vous affecte ? »

"Juste ça. Vous connaissez très bien la situation financière. Vous savez ce que signifie entretenir cette maison. Vous ne pouvez pas le faire. Vous ne pouvez clairement pas le faire. Vos revenus ne sont pas suffisants.

« Mais qu'est-ce que cela vous affecte ? »

« Quand les gens de métier parlent, cela me touche ; cela nous concerne tous. Pourquoi ne pas louer cette maison et vivre tranquillement, quelque part à la campagne, jusqu'à ce que les choses s'arrangent ?

« Qu'entendez-vous par les choses qui explosent ? demanda Thérèse. "On croirait que vous parlez d'une honte qui s'est produite."

Venetia releva son long gant gauche et bougea comme si elle était sur le point de partir. Elle ne dit rien mais regarda son gant.

Pendant tout ce temps, elle n'avait ni regardé Jones, ni parlé à Jones, ni ne l'avait inclus verbalement dans la conversation. Son influence agissait sur lui depuis qu'elle était entrée dans la pièce. Il commençait maintenant à mieux comprendre le rôle qu'elle avait joué dans la vie de Rochester. Il sentait qu'il voulait parler à Venetia comme Rochester n'avait probablement jamais parlé.

"Un homme m'a dit un jour que la plus grande erreur qu'un homme puisse commettre est d'avoir une sœur pour vivre avec lui après son mariage", a déclaré Jones.

Venetia a remonté son gant droit.

"Une sœur qui a dû faire face à une ivresse folle et *pire encore*, peut approuver cette opinion", a-t-elle déclaré.

"Qu'est-ce que tu veux dire par pire?" a viré Teresa.

"Je pense exactement ce que je dis", répondit Venetia.

« Ce n'est pas une réponse. Voulez-vous dire qu'Arthur m'a été infidèle ?

"Je n'ai pas dit ça."

« Eh bien, qu'est-ce qui peut être pire que l'ivresse – c'est la seule chose pire que je connaisse – à moins qu'un meurtre. Voulez-vous dire qu'il a assassiné quelqu'un ?

« Je ne vous laisserai pas m'entraîner dans une querelle », dit Venetia ; « tu me mets des choses dans la bouche. Je pense que l'extravagance folle est pire que l'ivresse, dans la mesure où elle est commise par des personnes raisonnables, non influencées par la drogue ou l'alcool. Je pense que les insultes adressées à des personnes inoffensives sont pires que les actes les plus fous commis sous l'influence de cet alcool démoniaque.

« Qui sont ces personnes inoffensives qui ont été insultées ?

"Bon Dieu - eh bien, bien sûr, vous ne le savez pas - vous n'avez pas eu à interviewer les gens."

"Quelles personnes?"

« Sir Pleydell Harcourt, par exemple, à qui on lui a envoyé seize pianos la semaine dernière, sans parler des fourgons du Pantechnicon et de la moitié du contenu des Harrods et Whiteleys, de sorte qu'Arlington Street a été bloquée, simplement bloquée, tout le vendredi dernier. .»

"A-t-il dit qu'Arthur les avait envoyés ?"

« Il n'avait aucune preuve directe, mais il savait. Aucun autre homme à Londres n'aurait fait une telle chose.

« Les as-tu envoyés, Ju-ju ? »

"Non", a déclaré Jones. "Je n'ai pas."

Vénétie s'est levée.

«Vous me l'avez avoué vous-même», dit-elle.

"Je plaisantais seulement", a-t-il répondu.

Teresa alla sonner et sonna.

"Bonne nuit", dit Venetia, "après cela, je n'ai plus rien à dire."

«Dieu merci», murmura Teresa après son départ. « Elle m'a fait frissonner avec son discours sur l'extravagance. J'ai été horriblement extravagante la semaine dernière – quand une femme est distraite, elle court chercher des vêtements pour se soulager – en tout cas, je l'ai fait. J'ai trois nouvelles robes de soirée et je veux vous les montrer. Je n'ai jamais eu connaissance de vos mauvais goûts.

"Bien", a déclaré Jones, "j'aimerais les voir."

« Devinez combien ils coûtent ? »

"Ne peut pas."

« Deux cent cinquante… et c'est une bonne affaire. Vous n'êtes pas choqué, n'est-ce pas ?

"Pas du tout."

« Eh bien, venez les voir, quelle heure est-il ? Dix heures trente." Elle a ouvert la voie à l'étage.

Sur le premier palier, elle tourna à gauche, ouvrit une porte et découvrit une chambre où une femme de chambre se déplaçait pour ranger les affaires et déballer les cartons.

Une grande boîte en carton était ouverte sur le sol, elle était remplie de lingerie blanche comme neige. L'instinct de s'enfuir s'empara si fortement de Jones qu'il aurait pu y obéir, rien que pour la main posée sur son bras qui le pressait sur une chaise.

"Anne", dit la comtesse de Rochester, "sortez mes nouvelles robes du soir, je veux les montrer."

Puis elle se tourna vers la boîte en carton. « Voici encore un peu de mon extravagance. Je n'ai pas pu leur résister, Venetia a failli faire une crise en voyant l'addition. Regardez !

Elle exhibait des objets à volants et blancs comme neige, délicats et diaphanes et dignes d'être portés par des anges. Ensuite, les robes arrivèrent, furent disposées sur le lit et inspectées. Il y avait une robe noire et une robe grise et une confection bleu pâle. Si on avait demandé à Jones de leur donner un prix, il aurait répondu cent dollars. Comme la plupart des hommes, il n'avait absolument pas conscience de la valeur de la tenue vestimentaire d'une femme. Pour une femme, un Purdy et un pistolet Birmingham à dix guinées sont exactement la même chose, et pour un homme, une robe Bayswater à dix guinées n'est guère différente, si elle est portée par une jolie fille, d'une robe de soixante-dix guinées de Bond Street - est-ce Bond Street - rig dehors. A moins qu'il ne soit un homme modiste.

Jones dit « magnifique », donna la palme aux bleus et les regarda de nouveau emportés par la servante.

Il avait laissé ses cigarettes en bas des escaliers ; il y en avait dans une boîte sur une table, elle lui en fit prendre une et l'alluma pour lui, puis elle disparut dans une pièce attenante, revenant au bout de quelques minutes vêtue d'un kimono recouvert d'hirondelles dorées et suivie de la servante. Puis elle s'assit devant un grand miroir et la servante commença à lui décrocher les cheveux et à les brosser.

Tandis que le brossage continuait, elle parlait à la femme de chambre et à Jones de toutes sortes de sujets. À la femme de chambre au sujet de l'état de ses cheveux, ceux de Teresa, et de la nouvelle mode en matière de coiffure, à Jones au sujet de l'Opéra, de l'embonpoint de Caruso et d'autres sujets du même genre.

Les cheveux ayant été disposés en une superbe tresse magnifique, Jones se libéra soudainement d'une sorte d'hypnotisme étrange qui le tenait depuis son entrée dans la pièce et se leva.

« Je reviens dans une minute », dit-il.

Il traversa la pièce, atteignit la porte, l'ouvrit et s'évanouit en fermant la porte. Dans le couloir, il resta un demi-instant debout, la main sur la tête.

Puis il descendit les escaliers, traversa le couloir, saisit un chapeau et un pardessus, les enfila et ouvrit la porte du couloir.

Tout au long de la descente des escaliers et de l'autre côté du couloir, il avait l'impression d'être poussé par une force invisible, et maintenant, debout devant la porte, cette même force le poussait hors de la maison et sur les marches.

Il ferma la porte, descendit les marches et tourna à droite.

CHAPITRE XVIII

LE PIÈGE MENTAL

C'était une belle nuit, chaude et éclairée par les étoiles, la lune décroissante venait juste de commencer à se lever à l'est et alors qu'il se dirigeait vers le parc verdoyant, un souffle de vent tiède, parfumé d'herbe et doux, lui souffla au visage.

Il se dirigea vers le palais de Buckingham.

Où allait-il aller ? Il n'avait aucune idée, aucun projet.

Il n'avait pas réussi à accomplir le devoir que le destin lui avait demandé d'accomplir. Il avait échoué, mais pas par lâcheté, ou du moins pas par peur des conséquences pour lui-même.

Celui qui refuse d'égorger un agneau, même si le devoir l'y appelle, a beaucoup à dire sur lui.

Cependant, son esprit distrait ne s'occupait pas de cette question. Ce qui le retenait entièrement, c'était l'idée qu'elle l'attendait et ce qu'elle ressentirait lorsqu'elle découvrirait qu'il l'avait abandonnée. Il s'était comporté comme une brute et elle le détesterait en conséquence. Pas lui, mais Rochester.

C'était la même chose. La vieille histoire. La haine, l'opprobre, le dédain dirigés contre Rochester l'affectaient comme s'ils étaient dirigés contre lui-même. Il ne pouvait pas se réfugier dans sa propre personnalité. Dès le premier jour de sa nouvelle vie, il l'avait découvert au club. Depuis lors, la lutte pour maintenir sa position et les batailles qu'il avait menées n'avaient cessé d'affaiblir sa position mentale en tant que Jones et de renforcer sa position en tant que Rochester.

L'étrange fait psychologique devenait évident, mais pas pour lui, que la jalousie qu'il aurait dû ressentir à cause de l'amour de cette femme pour Rochester n'était pas là.

Cette femme l'avait fasciné, comme les femmes n'avaient peut-être jamais fasciné un homme auparavant ; elle l'avait embrassé, elle l'aimait, et bien que sa raison lui dise très clairement qu'il était Victor Jones et qu'elle aimait et avait embrassé un autre homme, son cœur ne lui en voulait pas.

Rochester était mort. Il lui semblait que Rochester n'avait jamais vécu.

Il quitta le parc et longea Knightsbridge, pensant toujours à elle assise là qui l'attendait, son esprit s'éloignant de cela vers le baiser, le dîner, le bol de roses qui se tenait entre eux – sa voix.

Puis tout à coup ces considérations s'évanouirent, tout d'un coup, et comme un extincteur, tombèrent sur lui cette affreuse sensation de négation.

Son esprit se déplaçait d'un côté à l'autre entre les forces en conflit, devenant un blanc écrit avec des lettres de feu formant la question :

"Qui suis je?"

La souffrance physique la plus aiguë n'aurait pas pu être pire que cette torture d'un cerveau surmené, ce sentiment que s'il ne se retenait pas, *il* ne deviendrait rien.

Il courut quelques mètres, puis il passa et il se retrouva sous un lampadaire, récupérant et marmonnant rapidement son propre nom comme un charme pour exorciser le mal.

"Jones... Jones... Jones."

Il regarda autour de.

Il n'y avait pas beaucoup de monde, mais un homme et une femme à quelques mètres de là se tenaient debout et le regardaient. Ils s'étaient visiblement arrêtés et se sont retournés pour voir ce qu'il faisait et ils ont continué lorsqu'ils l'ont vu les observer.

Ils ont dû le prendre pour un fou.

La honte brûlante de cette idée était un meilleur stimulant que le cognac. Il a continué son chemin. Il ne pensait plus à la femme qu'il venait de quitter. Il pensait à lui.

Il s'était trompé envers lui-même.

La plus grande possession qu'un homme puisse avoir au monde, c'est lui-même. Certains hommes laissent se déprécier cette propriété inestimable, d'autres l'améliorent, et il est donné à quelques hommes de la modifier à la manière de Jones.

Il le vit maintenant, et comme si une fosse s'était ouverte devant lui, il recula. Il doit cesser immédiatement cette double vie et devenir lui-même dans la réalité ; à défaut, il rencontrerait la folie. Il l'a reconnu. Le cerveau d'aucun homme ne pouvait supporter longtemps ce qu'il avait vécu ; s'il avait été laissé à lui-même, il aurait pu adapter progressivement son esprit au déplacement perpétuel de Jones à Rochester et vice versa. La femme avait amené les choses à une crise. L'horreur qui s'était soudain abattue sur lui, l'horreur du retour de cet horrible sentiment de négation, l'horreur de se perdre, chassaient de son esprit toutes les autres considérations.

Il doit arrêter cette affaire immédiatement.

Il s'en irait, retournerait directement en Amérique.

C'était facile à faire, mais cela le sauverait-il ? Cela le libérerait-il de cette horrible personnalité collante qu'il avait si légèrement projetée autour de lui ?

Rien n'est plus étrange que l'esprit. Du plus profond de son esprit vint le murmure « Non ». L'intuition lui disait que s'il allait à Tombouctou, Rochester s'accrocherait à lui, qu'il se réveillerait en s'imaginant Rochester et que ce sentiment reviendrait. Ce dont il avait besoin, c'était que les autres reconnaissent qu'il était lui-même, Jones, et que toute cette affaire n'était qu'une tromperie, une pièce de théâtre dans la vraie vie. Leurs abus, leurs menaces n'auraient pas d'importance. Leurs coups seraient les bienvenus, pensa-t-il. Tout ce qui pourrait le ramener fermement à sa véritable position dans l'ordre des choses et lui épargner la crainte de se perdre un jour.

Au bout d'un moment, l'exercice et l'air nocturne calmèrent son esprit. Il avait pris une grande décision. Une décision désormais immuable, puisqu'elle concernait le plus profond de son être. Il lui dirait tout. Demain matin, il avouerait tout. Sa fascination sur lui avait relâché son emprise, c'était la terreur qui l'avait fait. Il ne l'aimait plus. L'avait-il déjà aimée ? C'était une question ouverte, ou en d'autres termes, une question à laquelle aucun homme ne pouvait répondre. Il savait seulement maintenant qu'il n'avait pas besoin de son respect, seulement de sa reconnaissance en tant que Jones.

Elle était la porte de sortie du piège mental dans lequel son esprit s'était enfoncé.

Ces considérations l'avaient entraîné loin dans une région de rues mesquines et de maisons de banlieue. Il était midi bien plus tard et il se mit à réfléchir à ce qu'il devrait faire de lui-même pour le reste de la nuit. Il lui fut impossible de se promener jusqu'au matin et il résolut de retourner à Carlton House Terrace, d'entrer avec la clé de son loquet et de se glisser à l'étage jusqu'à sa chambre. Si, par hasard, elle ne s'était pas retirée pour la nuit et qu'il la rencontrait par hasard dans l'escalier ou dans le couloir, l'aveu devait être fait immédiatement.

Il était plus de deux heures lorsqu'il arriva à la maison. Il ouvrit la porte avec sa clé et la ferma doucement, traversa le couloir et monta les escaliers. Une des lampes de la salle était restée allumée, évidemment pour lui : une lampe brûlait aussi dans le couloir. Il alluma la lumière électrique de sa chambre et ferma la porte.

Puis il poussa un soupir de soulagement, se déshabilla et se mit au lit.

Tout au long du couloir, en montant les escaliers et le long du couloir, il avait été suivi par la peur de la rencontrer et de devoir entreprendre immédiatement cette terrible explication.

L'envie de tout lui dire avait été momentanément supplantée par la peur de l'acte.

Le matin, ce serait différent. Il serait reposé et aurait plus de contrôle sur lui-même, pensait-il.

CHAPITRE XIX

ÉVASION FERMÉE

Il a été réveillé par M. Church — il faut toujours lui donner le préfixe — en tirant les stores. Sa première pensée fut pour la tâche qui l'attendait.

L'esprit fait beaucoup de choses tranquillement par lui-même lorsque les stores sont baissés et que le corps est endormi, et pendant la nuit, son esprit, travaillant dans l'obscurité, a clarifié les choses, contré et coupé toutes sortes de peurs et d'objections et établi un plan précis.

Il lui dirait tout ce matin-là. Si elle ne le croyait pas sur parole, il organiserait une réunion avec toute la famille. Il était absolument certain qu'en expliquant les choses petit à petit et détail par détail, il pourrait les convaincre de la mort de Rochester et de sa propre existence en tant que Jones ; absolument certain qu'ils ne pousseraient pas les choses jusqu'à la publicité. Il détenait un atout dans la propriété qu'il avait récupérée à Mulhausen, s'il était publiquement dénoncé comme imposteur, tout ce qui concernait les lettres de Plinlimon, Voles et Mulhausen se révéleraient. Mulhausen, ce très astucieux praticien, ne tardera pas à déclarer qu'il a été contraint de restituer les titres de propriété pour protéger le nom de sa fille. Les campagnols jureraient n'importe quoi, et leur cause tiendrait debout sur le fait prouvé que lui, Jones, était un escroc. Non, la famille n'insisterait certainement pas sur l'affaire.

Après avoir bu son thé, il se leva, se baigna et s'habilla avec un esprit calme.

Puis il descendit les escaliers.

Elle n'était pas dans la salle du petit déjeuner, où il n'y avait qu'un seul couvert, et, concluant qu'elle déjeunait dans sa chambre, il se mit à table.

Après le repas, et avec une autre liasse de lettres infernales des premières heures à la main, il se dirigea vers le fumoir, où il ferma la porte, posa les lettres sur la table et alluma un cigare. Puis, après avoir fumé quelques minutes et rassemblé ses pensées, il sonna et fit appeler M. Church.

« Église, dit-il à l'arrivée du fonctionnaire, veux-tu dire à ma femme que je veux la voir ?

« Sa Seigneurie est partie hier soir, Votre Seigneurie, elle est partie à dix heures, ou un peu après. »

"Gauche! où est-elle allée ?

"Elle est allée à l'hôtel South Kensington, Votre Seigneurie."

"Bonté divine! qu'est-ce qui l'a poussée… pourquoi est-elle partie… ah, est-ce parce que je ne suis pas revenu ?

"Je pense que oui, Votre Seigneurie."

M. Church parla gravement et un peu avec raideur. On pouvait facilement voir qu'en tant que vieux serviteur et fidèle serviteur, il était du côté des femmes dans l'entreprise.

«Je devais sortir», dit l'autre. "Je lui expliquerai quand je la verrai… C'était sur une question importante… Merci, ça fera l'affaire, Church."

De nouveau seul, il termina son cigare.

La peur terrible de la nuit précédente, la peur de la négation et de la perte de soi avaient disparu avec un cerveau rafraîchi par le sommeil et avant ce fait.

Quelle brute il avait été ! Elle était revenue en lui pardonnant on ne sait quoi, elle avait pris parti contre ses traducteurs, l'avait embrassé. Elle avait cru que tout allait bien et que le bonheur était revenu – et il l'avait froidement rejetée.

Cela aurait été moins cruel de la battre. C'était une bonne et douce femme. Il le savait désormais, instinctivement et par connaissance. Il ne l'avait pas pleinement su jusqu'à ce moment.

Aurait-il mieux valu, après tout, la tromper et jouer le rôle de Rochester ? Cette question lui vint un instant à l'esprit, puis elle fut aussitôt repoussée. Ce n'était pas tant un antagonisme personnel à l'égard d'une telle démarche ni la peur de la folie due à sa double vie qui le rejetait si violemment, mais la reconnaissance de la bonté et du caractère aimable de la femme. Laisser tout le reste de côté pour continuer avec elle une telle tromperie, même pour y penser, était impossible.

Plus que jamais, il était déterminé à tirer cette affaire au clair et à tout lui dire, et, à son honneur, sa principale motivation était désormais de faire de son mieux pour elle.

Il termina son cigare, puis entra dans le hall, prit son chapeau et quitta la maison.

Il ne savait pas où se trouvait l'hôtel South Kensington, mais un taxi résolut cette question et peu avant dix heures, il atteignit sa destination.

Oui, Lady Rochester était arrivée la nuit dernière et séjournait à l'hôtel, et pendant que la jeune fille du bureau du directeur envoyait son nom et demandait un entretien, Jones prit place dans le salon.

Un long moment – près de dix minutes – s'écoula, puis un garçon lui apporta sa réponse sous forme de lettre.

Il l'ouvrit.

" *Plus jamais. C'est un aurevoir.* »

"T."

C'était la réponse.

Il était assis, la feuille de papier à la main, contemplant la forme et la forme d'un fauteuil en osier en face de lui.

Que devait-il faire ?

Il avait reçu exactement la réponse à laquelle il pouvait s'attendre, ni plus ni moins. Il lui était impossible de forcer un entretien avec elle. Il avait renversé Campagnols, escaladé Mulhouse, mais l'escalier qui le séparait maintenant de la suite privée de la comtesse de Rochester était un obstacle qu'il ne fallait surmonter ni par le courage ni par des méthodes directes, et il ne connaissait aucune méthode indirecte.

Il plia le papier et le mit dans sa poche. Puis il quitta l'hôtel et retourna à Carlton House Terrace.

Si elle ne le voyait pas, elle ne pouvait refuser de lire une lettre. Il lui écrirait et lui expliquerait tout. Il écrivait en détail, décrivant toute l'affaire, circonstance par circonstance. Cela lui prendrait beaucoup de temps ; il l'avait deviné, et un papier à lettres ordinaire ne ferait pas l'affaire. Cependant, il avait vu une pile de papiers manuscrits dans l'un des tiroirs du bureau, et après avoir fermé la porte et allumé une cigarette, il prit quelques feuilles de grand papier cartonné, règle trente-quatre lignes par page et s'assit. à l'entreprise. Voici ce qu'il a dit :

« DAME ROCHESTER ,

« *Je veux que vous lisiez attentivement ce qui suit et que vous ne vous formiez aucune opinion sur la question avant que tous les détails ne soient devant vous. Ce document n'est pas une lettre au sens strict du terme, il s'agit plutôt d'une facture du chargement de bêtise et de malchance, que moi, l'écrivain Victor Jones de Philadelphie, ai reçu par un tout- sage Providence pour ses propres fins incompréhensibles.* »

La Providence l'a retenu un instant. La Providence était-elle neutre ou masculine ? Il s'y risqua, la laissa neutre et continua.

Lorsque le domestique annonça le déjeuner, il avait couvert vingt feuilles de papier et était seulement arrivé au bar américain du Savoy.

Il alla déjeuner, avala un merlan et une demi-escalope et revint.

Il s'assit, lut ce qu'il avait écrit et le déchira.

Cela ne suffirait jamais. C'était comme le vaste prélude d'une lettre de mendicité. Elle ne le lirait jamais entièrement.

Il recommença, en commençant cette fois au bar américain du Savoy, en écrivant avec beaucoup de soin. Il était arrivé, à l'heure du thé, à l'annonce de la mort de Rochester dans le journal.

Bien satisfait de ses progrès, il prit le thé de l'après-midi, puis s'assit confortablement pour lire ce qu'il avait écrit.

Il était consterné par le résultat. Les choses qui lui étaient arrivées étaient crédibles parce qu'elles lui étaient arrivées, mais dans une écriture froide, elles avaient un air de fausseté. Elle ne croirait jamais cette histoire. Il a déchiré les draps. Puis il brûla tout ce qu'il avait écrit dans la cheminée, s'assit dans le fauteuil et se mit à penser au diable.

Il y avait sûrement quelque chose de diabolique dans toute cette affaire et dans la manière dont tout et chaque circonstance l'empêchait de s'échapper. Après le dîner, il s'asseyait pour tenter un espoir littéraire désespéré, lorsqu'une voix aiguë dans la salle le fit s'arrêter.

La porte s'ouvrit et Venetia Birdbrook entra. Elle portait un nouveau chapeau qui semblait plus grand que celui qu'il avait vu la dernière fois et ses manières étaient sauvages.

Elle ferma la porte, se dirigea vers la table, y posa son parasol et commença à retirer un gant.

« Elle est partie », dit Venetia.

Jones s'était levé.

"Qui est parti?"

"Teresa... partie avec Maniloff."

Il s'est assis. Puis elle s'est enflammée.

« Allez-vous ne rien faire, allez-vous rester là et nous laisser tous déshonorés ? Elle est partie, elle va, à Paris. C'est par sa servante que je l'ai appris ; elle a quitté l'hôtel à ce moment-là — elle est partie avec Maniloff — es-tu sourd ou simplement stupide ? Vous *devez* la suivre.

Il se leva.

« Suivez-la maintenant, suivez-la et récupérez-la, il n'y a qu'une chance. Ils vont au Bristol. La servante a tout dit : je t'accompagne. Il y a un train à neuf heures de Victoria, vous n'avez que le temps de l'attraper.

"Je n'ai pas d'argent", a déclaré Jones, fouillant distraitement dans ses poches, "seulement environ quatre livres."

"Oui," répondit-elle, "et notre voiture est à la porte. As-tu peur, ou est-ce que cela ne te dérange pas?"

"Allez," dit Jones.

Il se précipita dans le hall, s'empara d'un chapeau et d'un pardessus et, l'instant d'après, il se retrouva enterré dans une limousine étouffante, le coude pointu de Venetia le frappant sur le côté.

Il était furieux.

Il y a des gens qui semblent nés dans le but exprès de mettre les autres par les oreilles. La Vénétie en faisait partie. Malgré Voles, Mulhausen, les dettes et le déséquilibre, on pourrait croire que c'est Vénétie qui avait poussé le malheureux Rochester à son acte insensé.

La perspective d'un voyage à Paris avec cette femme à la recherche de la femme d'un autre homme était déjà assez pénible, mais ce n'était pas cette perspective qui rendait Jones furieux, bien qu'il l'aidât. Sans aucun doute, c'était Venetia elle-même.

Elle a soulevé le diable en lui et, pendant le voyage vers la gare, même si elle n'a pas dit un mot, elle a réussi à élever son exaspération contre le monde, elle-même, lui-même et sa vile position jusqu'à la limite juste au-dessous de la dernière. devait venir.

À la gare, ils traversèrent la foule jusqu'au bureau de réservation où Venetia achetait les billets. Les souvenirs de voyages qu'il avait faits avec sa mère lorsqu'il était petit garçon traversèrent l'esprit de Jones et n'améliorèrent pas son humeur.

Il regarda l'horloge. Il manquait vingt minutes de retard sur l'heure de départ et il était en train d'échapper à un chariot de bagages lorsque Venetia arriva avec les billets.

Il était venu à l'esprit de Jones que non seulement il se rendrait à Paris avec l'hon. Venetia Birdbrook, à la poursuite de la femme d'un autre homme, mais qu'ils voyageaient sans bagages. Si, à Philadelphie, il s'était imaginé dans une telle situation, il aurait été inquiété quant à son état de santé et à l'état de son foie, mais maintenant, en réalité, la chose ne lui paraissait pas absurde, il s'inquiétait car au fait du manque de bagages.

« Écoutez, dit-il, que devons-nous faire ? Je n'ai même pas de pyjama. Je n'ai même pas de brosse à dents. Aucun hôtel ne nous accueillera.

"Nous ne voulons pas d'hôtel", a déclaré Venetia, "nous reviendrons tout de suite si nous pouvons sauver Teresa. Sinon, si elle persiste à poursuivre sa folle voie, mieux vaut ne pas revenir du tout. Venez et prenons place dans le train.

Ils s'éloignèrent et elle continua.

"Car si elle le fait, tu ne pourras plus jamais relever la tête, tout le monde sait comment tu t'es comporté avec elle."

"Oh, arrête ça," dit-il avec irritation. "J'ai assez de choses à penser."

"Vous devriez."

Seulement ces trois mots, et pourtant ils l'ont mis en colère.

« Le devrais-je ? Eh bien, qu'en est-il de vous ? Elle m'a raconté des choses sur *toi hier soir* .

"Sur moi. Ce que les choses?"

"Pas grave."

"Mais je le fais," s'arrêta-t-elle et il s'arrêta.

« Cela me dérange beaucoup. Que t'a-t-elle dit ?

"Rien de grand-chose, seulement que tu lui as fait perdre la vie, et que même si j'étais mauvais, tu étais pire."

Venetia renifla. Elle était sur le point de se retourner pour reprendre son chemin vers le train lorsqu'elle s'arrêta net comme un indicateur.

"C'est eux", dit-elle dans un murmure dur et tendu.

Jones regarda.

Une dame voilée accompagnée d'un homme barbu, un parapluie plié sous le bras et suivant un porteur chargé de châles et de petits bagages, se frayait un chemin à travers la foule vers le train.

Le voile ne la lui cachait pas. Il sut immédiatement que c'était elle.

C'est alors que l'effet de Venetia sur lui agissait comme le contenu des actes sur papier blanc lorsqu'il était vidé dans le gobelet qui contient la moitié en papier bleu de la poudre de Seidlitz.

Venetia a vu son visage.

« Ne faites pas de scène », cria-t-elle.

C'était le fait de remuer la cuillère.

Il se précipita vers l'homme barbu et lui attrapa le bras. Le barbu se tourna brusquement et le repoussa. C'était un grand homme; il avait l'air d'un homme puissant. Habillé en héros conquérant, il aurait joué ce rôle à la perfection, le genre d'homme que les femmes adorent pour leur « puissance

» et leur virilité. Il avait une cigarette entre ses lèvres épaisses, rouges et barbus.

Jones n'avait pas grand chose à voir, mais il s'était entraîné à des moments inhabituels chez Joe Hennessy, autrement connu sous le nom d'Ike Snidebaum, de Spring Garden Street, à Philadelphie, et il avait le courage d'un blaireau.

Il a frappé, raté, a frappé un tambour sur les côtes gauches, juste sous le bras du parapluie levé et le parapluie levé – et puis – rapidement alors que la lumière pénétrait dans une coupure supérieure sur les moustaches sous le côté gauche de la mâchoire.

L'homme au parapluie s'assit, comme les hommes s'assoient lorsqu'on arrache les chaises de dessous, puis, criant à l'aide – c'était là le côté humoristique et pitoyable de la chose – se releva aussitôt pour être à nouveau abattu.

Puis il s'est allongé sur le dos, les bras tendus, faisant semblant d'être mortellement blessé.

Toute cette affaire n'a duré que quinze secondes.

Vous pouvez imaginer la scène.

Jones regarda autour de lui. Venetia et le criminel, après avoir vu le spectacle – et au National Sporting Club on paie souvent cinq livres pour voir pire – s'éloignaient ensemble au milieu de la foule, celui qui était au sol, les bras toujours dehors, murmurait : « Brandee… brandee ». à l'oreille d'un porteur agenouillé, et un policier du poste était à côté de Jones.

Jones l'a démonté de quelques pas.

« Je suis le comte de Rochester », dit-il à voix basse. « Ce type a obtenu ce qu'il voulait – peu importe ce qu'il faisait – réveillez la bête et demandez-lui s'il veut engager des poursuites.

L'agent de police est venu et s'est placé au-dessus de la tête du malade, qui s'appuyait maintenant sur un bras.

« Voulez-vous poursuivre ce monsieur en justice ? » demanda le connétable.

« Nichévo », murmura l'autre. "Non. Brandee.

"C'est ce que je pensais", a déclaré Jones. Puis il s'éloigna vers l'entrée avec le constable.

« Mon adresse est Carlton House Terrace », dit-il. « Quand vous aurez ce type sur ses épingles, vous pourrez lui dire de venir là-bas et je lui donnerai une autre dose. Voici un souverain pour vous.

« Merci, Votre Seigneurie, » dit le gardien de la Paix, « vous l'avez bien débarqué, je dirai. Je n'ai pas vu le début de la bagarre, mais j'ai vu le KO : tu n'auras plus de problèmes avec lui.

"Je ne pense pas", a déclaré Jones.

Il était ravi, jubilatoire, un poids semblait enlevé de son esprit, toute sa mauvaise humeur avait disparu. La sensation de ces moustaches et de cette mâchoire résistante était toujours avec lui, il avait reçu un bon coup face aux circonstances et au monde. Il aurait pu chanter. Il sortait de la gare quand quelqu'un est arrivé par derrière.

C'était la Vénétie. Venetia, délirante et bavarde.

«Teresa est dans la voiture. Vous l'avez fait maintenant, vous l'avez fait maintenant. Qu'est-ce qui t'a *poussé* à faire cette chose horrible ? Es-tu fou? Ici, dans la gare ouverte, devant tout le monde, vous nous avez jeté cette dernière honte sur *moi* .

"Oh, tais-toi", dit Jones.

Il aperçut la voiture, courut vers elle et ouvrit la portière. Dans un coin, un paquet gémissant lui tendit les mains comme pour le repousser.

"Oh! Oh! Oh!" soupira et murmura le paquet.

Jones attrapa une des mains, se pencha et l'embrassa. Puis il se tourna vers Venetia qui l'avait suivi.

« Montez », dit-il.

Elle entra. Il la suivit et ferma la porte. Venetia passa la tête par la fenêtre :

« À la maison », cria-t-elle au chauffeur.

Jones n'a rien dit jusqu'à ce qu'ils aient vidé l'enceinte de la gare. Puis il commença à parler dans l'obscurité, adressant ses remarques aux deux femmes dans une sorte de monologue étrange.

« Tout cela n'est rien, dit-il, vous devez l'oublier tous deux. Quand vous entendrez ce que j'ai à vous dire demain, vous ne prendrez pas la peine de vous souvenir de tout cela. Personne qui compte ne l'a vu, c'étaient tous des étrangers et ils se dirigeaient vers les voitures. J'ai donné un souverain à l'officier. Ce que j'ai à dire, c'est ceci : je dois avoir une réunion de toute la famille demain, demain matin. Pas à propos de cette affaire, mais d'autre chose, de quelque chose qui me concernait entièrement. J'ai essayé d'expliquer toute la journée, j'ai essayé de l'écrire mais je n'y suis pas parvenu. Je dois vous dire quelque chose qui vous fera tout simplement perdre le temps.

Soudain, le paquet reniflant dans le coin devint articulé.

"Je ne voulais pas le faire, je ne voulais pas le faire - je le déteste - oh, Ju-Ju, si tu ne m'avais pas traité ainsi la nuit dernière, je ne l'aurais jamais fait, jamais, jamais, jamais."

"Je sais," répondit-il, "mais ce n'était pas de ma faute si je t'avais laissé comme ça. Je devais aller. Vous saurez tout demain, quand vous aurez tout entendu, vous ne me parlerez probablement plus jamais, même si je suis assez innocent, Dieu le sait.

Puis vint la voix de Venetia :

« C'est nouveau… Dieu *sait que* nous avons eu assez de honte… que va-t-il nous arriver d'autre ?… Pourquoi remettre cela à demain ?… qu'avez-vous fait de nouveau ?

Avant que Jones ne puisse répondre, le groupe au cœur chaleureux dans le coin cessa de renifler et se tourna vers Venetia.

"Peu importe ce qu'il a fait, tu es sa sœur et tu n'as pas le droit de l'accuser."

"Accusez-le!" s'écria Venetia indignée.

« Oui, accusez-le ; tu ne le dis pas, mais tu le ressens. Je crois que vous seriez heureux, d'une manière ou d'une autre, s'il avait fait quelque chose de vraiment terrible.

Venetia émit un bruit semblable à celui émis par une poule qui s'étouffe.

Teresa avait mis le doigt sur le problème.

Venetia n'était pas une femme méchante, elle était presque aussi mauvaise, une femme juste, l'une des juges éternelles. Découvrir les péchés des autres lui faisait plaisir.

Avant qu'elle puisse répondre clairement, Jones s'interposa ; une idée était soudainement entrée dans son esprit pratique.

« Bon Dieu, dit-il, qu'est devenu votre bagage ?

"Je ne sais pas et je m'en fiche", répondit celui qui était réveillé, "laisse tomber avec le reste."

La voiture s'est arrêtée.

« Vous resterez avec nous cette nuit, je suppose, » dit froidement Venetia.

"Je suppose que oui", répondit l'autre.

Jones est sorti.

«Je viendrai ici demain matin à neuf heures», dit-il. « Je veux que toute la famille soit présente. » — Puis, à la malheureuse épouse du défunt Rochester : « Ne vous inquiétez pas de ce qui s'est passé ce soir. Tout était de ma faute. Vous penserez différemment à mon sujet quand vous entendrez tout ce matin.

Elle soupira et gravit les marches en suivant Venetia comme une femme dans un rêve. Quand la porte se referma sur eux, il prit le numéro de la maison, puis, au coin de la rue, il regarda le nom de la rue. C'était la rue Curzon. Puis il rentra chez lui à pied.

Quoi qu'il en soit, il avait fait une bonne soirée de travail. Plus que jamais, il ressentait le charme de cette femme, sa loyauté, sa puissance d'amour honnête.

Quelle femme! et quel sort !

C'est à ce moment-là, alors qu'il rentrait chez lui à Carlton House Terrace, que le véritable caractère de Rochester lui apparut sous un jour nouveau et sinistre.

Jusqu'à présent, Rochester lui avait semblé fou, rusé, irresponsable, mais jusqu'à présent, il n'avait pas clairement vu la méchanceté de Rochester. La femme l'a montré. Rochester avait choisi un étranger, en raison de leur ressemblance mutuelle, et l'avait renvoyé chez lui pour jouer son rôle, dans l'espoir, sans aucun doute, d'infliger un terrible coup à sa famille. Et sa femme ? Soit il n'avait jamais pensé à elle, soit il ne s'en souciait pas.

Et quelle femme !

« Cet homme devrait être déterré et… incinéré », se dit Jones en ouvrant la porte avec la clé de son loquet. « Il devrait, bien sûr. Eh bien, j'espère que j'incinérerai sa réputation demain.

Après avoir fumé un cigare, il monta se coucher.

Il avait essayé de réfléchir à la manière dont il ouvrirait l'entreprise le lendemain, à ce qu'il dirait pour commencer, puis il y renonça, déterminé à tout s'en remettre à l'inspiration du moment.

CHAPITRE XX

LE CONSEIL DE FAMILLE

Il arriva à Curzon Street le lendemain matin à neuf heures quinze et fut conduit au salon par le majordome. Ici, il s'assit et attendit l'arrivée de la famille, s'amusant du mieux qu'il pouvait en regardant autour de lui les meubles et les tableaux, et en écoutant les bruits de la maison et de la rue au dehors.

Il entendit les klaxons des taxis, le faible grondement des roues, des voix.

Maintenant, il entendit quelqu'un courir dehors dans les escaliers, probablement un domestique, car le son cessa soudainement et fut suivi d'un rire comme si deux domestiques s'étaient rencontrés dans l'escalier et échangeaient des mots.

On ne pouvait imaginer aucun membre de cette terrible famille monter les escaliers avec légèreté ou rire. Puis, après une minute ou deux, la porte s'ouvrit et le duc de Melford entra. Il était en tweed clair avec un gilet chamois, il tenait un journal du matin sous le bras et lustrait ses lunettes.

Il fit un signe de tête à Jones.

"Bonjour", dit Sa Grâce en se dandinant jusqu'à une chaise et en s'asseyant. "Les femmes vont se lever dans un instant." Il s'assit et ouvrit le journal comme pour jeter un coup d'œil aux informations. Puis levant les yeux par-dessus ses lunettes : « Heureux d'entendre Collins vous avoir récupéré cette terre. J'étais là-dedans juste après ton départ et il me l'a dit.

"Oui", a déclaré Jones, "je l'ai récupéré." Il n'eut pas le temps d'en dire plus car à ce moment la porte s'ouvrit et les « femmes » apparurent, conduites par la comtesse douairière de Rochester.

Venetia ferma la porte et ils prirent place dans la pièce pendant que Jones, qui s'était levé, se rasseyait.

Puis, avec la profonde inspiration d'un homme qui se prépare à plonger, il commença :

« Je vous ai tous demandé de venir ici ce matin – je vous ai demandé de me rencontrer ce matin parce que je veux juste vous dire la vérité. Je suis un intrus dans votre famille… »

« Un intrus », s'écria la mère du défunt. "Arthur, qu'est-ce que *tu* dis?"

"Un instant", poursuivit-il. « Je veux commencer par vous expliquer ce que j'ai fait pour vous tous et alors peut-être verrez-vous que je suis un honnête homme même si je suis dans une fausse position. Ces derniers jours, j'ai récupéré un million huit mille livres, c'est-à-dire les biens de la mine de charbon et d'autres sommes également, un million huit mille livres qui auraient été une perte sèche rien que pour moi.

« Vous avez agi comme un homme », dit le duc de Melford, « continuez, que voulez-vous dire par intrusion ?

"Laissez-moi raconter les choses à ma manière", dit Jones avec irritation. "Le regretté Lord Rochester s'est terriblement impliqué en raison de sa propre stupidité avec une femme - je l'appelle feu Lord Rochester parce que je dois annoncer maintenant le fait de sa mort."

L'effet de cette déclaration fut surprenant. Les quatre auditeurs restèrent un moment assis comme des cadavres gelés, puis ils bougeèrent en se jetant des regards terrifiés. C'est le duc de Melford qui a parlé.

« Nous laisserons tranquille le nom de votre père, dit-il ; oui, nous savons qu'il est mort. Qu'avez-vous à dire de plus ?

"Je ne parlais pas de mon père", a déclaré Jones, commençant à s'enliser et légèrement confus, également en colère, "il n'était pas mon père. Si seulement vous m'écoutiez sans m'interrompre, je vous expliquerais les choses clairement. Je parle de moi, ou du moins de l'homme que je représente, le comte de Rochester. Je dis que je ne suis pas le comte de Rochester, il est mort… » Il se tourna vers la femme de Rochester. « Je *déteste* devoir vous le dire franchement et de cette manière, mais il faut le dire. Je ne suis pas ton mari. Je suis un Américain. Je m'appelle Victor Jones et je viens de Philadelphie.

La comtesse douairière de Rochester, qui s'était penchée en avant sur sa chaise, retomba en arrière, elle s'était évanouie.

Pendant que Venetia et le duc de Melford l'amenaient, l'épouse de Rochester, qui regardait Jones d'une manière terrifiée, s'enfuit de la pièce. Elle courait comme une aveugle, les mains écartées.

Jones resta debout pendant que la malheureuse était réanimée. Elle reprit conscience en sanglotant et en retournant les mains, et elle fut conduite hors de la pièce par Venetia. Derrière la porte, Jones entendit sa voix s'élever en lamentations :

"Mon garçon, mon pauvre garçon."

Venetia n'avait rien dit.

Jones s'était attendu à une scène, à des cris, à des questions, mais il y avait dans tout cela quelque chose qui le dépassait. Ils n'avaient posé aucune question et semblaient tenir tout cela pour acquis, surtout Venetia.

Le duc de Melford ferma la porte.

« Votre mère… je veux dire que le cœur de lady Rochester n'est pas fort », dit-il en se dirigeant vers la cloche et en la touchant. "Je dois envoyer chercher le médecin pour la voir."

Jones, plus que jamais étonné du sang-froid de l'autre, se rassit.

« Écoutez, » dit-il, « je n'arrive pas à vous distinguer — vous ne m'avez pas insulté — vous ne m'avez pas laissé vous expliquer complètement, la vieille dame est la seule qui semble avoir pris la nouvelle en compte. Tu ne comprends pas ce que je t'ai dit ?

« Parfaitement, » dit le vieux gentleman, « et c'est la chose la plus extraordinaire que j'aie jamais entendue, et la plus intéressante. Je voudrais en avoir une longue conversation. James, » au domestique qui avait répondu à la sonnette, « téléphone pour le Dr Cavendish. Sa Seigneurie a eu une autre attaque.

« Dr. On vient de téléphoner à Cavendish, à Votre Grâce et au docteur Simms.

"Cela fera l'affaire", dit Sa Grâce.

"Oui, sur mon âme, c'est tout à fait extraordinaire", il sortit un étui à cigares de sa poche, tendit un cigare que Jones prit, puis en alluma un lui-même.

« Écoutez, » dit Jones soudainement alarmé par une nouvelle idée, « vous ne vous moquez pas de moi, n'est-ce pas ? Vous ne vous êtes pas mis en tête que je suis devenu fou… fou ?

"Fou!" s'écria le vieux monsieur en sursaut. « Jamais… une telle idée ne m'est jamais venue à l'esprit. Pourquoi… pourquoi le devrait-il ?

"Seulement, tu prends cette chose si doucement."

« Tranquillement… eh bien, qu'est-ce que tu aurais ? Mon cher, à quoi bon crier, jamais ? Pas du tout. C'est de mauvaise forme. Je prends tout comme il vient. »

« Eh bien, écoutez pendant que je vous raconte comment tout cela s'est passé. Je suis venu ici il y a quelque temps pour conclure un contrat avec le gouvernement britannique concernant des installations en acier. J'étais partenaire d'un homme nommé Aaron Stringer. Eh bien, j'ai échoué sur le contrat et je me suis retrouvé fauché avec moins de dix livres en poche. J'étais assis dans le salon Savoy lorsqu'est entré un homme que j'ai connu immédiatement de vue, mais je n'ai pas pu identifier son nom. Nous avons pris un verre ensemble au bar américain, puis nous sommes montés au salon. Il ne voulait pas me dire qui il était. « Regarde dans le miroir derrière toi, dit-il, et tu verras qui je suis. J'ai regardé et je l'ai vu. J'étais son image jumelle. Je dois d'abord vous dire que j'avais bu des cocktails au champagne et un whisky et un soda. Je n'ai pas l'habitude de boire. Nous avons organisé un jamboree ensemble et dîné quelque part, puis il m'a renvoyé chez lui comme lui-même : j'étais aveugle.

«Quand je me suis réveillé le lendemain matin, je n'ai rien dit mais je me suis fait discret, pensant que c'était une blague. J'aurais dû parler tout de suite, mais je ne l'ai pas fait, on fait des erreurs dans la vie… »

«Nous faisons tous cela», dit l'autre; "Oui continuer."

« Et plus tard dans la journée, j'ai ouvert un journal et j'ai vu mon nom et le fait que je m'étais suicidé. C'était Rochester, bien sûr, qui s'était suicidé ; je l'ai fait dans le métro. — Ensuite, j'étais dans une bonne situation. J'étais là dans les vêtements de Rochester, sans un sou en poche ; Je ne pouvais pas aller à l'hôtel, je ne pouvais aller nulle part – alors j'ai décidé d'être Rochester, au moins pendant un moment.

«J'ai trouvé ses affaires dans un terrible désordre. Vous connaissez cette histoire de mine de charbon. Eh bien, j'ai réussi à arranger ses affaires. Je ne pensais à aucun profit pour moi grâce à l'entreprise, je l'ai simplement fait parce que c'était la bonne chose à faire.

"Maintenant, je veux être parfaitement clair avec toi. J'aurais pu continuer à jouer à ce jeu depuis toujours et vivre à la place de Rochester uniquement pour deux choses : l'une est sa femme, l'autre est le sentiment qui m'est venu que si je continuais plus longtemps, je pourrais devenir fou. Parfois, j'ai eu le sentiment de ne pas savoir qui j'étais. C'est mener cette double vie, vous savez. Maintenant, je veux revenir tout de suite, être moi-même et me débarrasser de tout ça. Vous ne pouvez pas imaginer ce que cela a été de mener cette double vie, d'entendre les serviteurs m'appeler « Votre Seigneurie ». Je n'aurais pas pu imaginer que cela aurait autant d'effet sur le cerveau. J'ai été tout simplement fou d'entendre quelqu'un m'appeler par mon vrai nom… eh bien, c'est tout, je veux m'installer et retourner aux États-Unis… »

La porte s'ouvrit et un domestique apparut.

« Dr. Simms est arrivé, Votre Grâce.

Le duc de Melford se leva de sa chaise.

«Un instant», dit-il à Jones. Il quitta la pièce en fermant la porte.

Jones versa les cendres de son cigare dans une jardinière à proximité.

Il était étonné et quelque peu troublé par la manière froide avec laquelle sa merveilleuse confession avait été reçue. « Se pourrait-il qu'ils fassent profil bas et qu'ils envoient chercher la police ? pensa-t-il.

Il débattait de cette question lorsque la porte s'ouvrit et que le duc entra, suivi d'un homme chauve, âgé et d'apparence agréable ; après ce dernier venait un monsieur cadavérique, portant des lunettes.

L'homme chauve était le Dr Simms, le cadavérique, le Dr Cavendish.

Simms fit un signe de tête à Jones comme s'il le connaissait.

"J'ai demandé à ces messieurs, en tant qu'amis de la famille, d'intervenir et de parler de cette affaire avant de voir Lady Rochester", a déclaré le duc. "Elle a été emmenée dans sa chambre et n'est pas encore prête à accueillir des visiteurs."

«Je serai ravi de vous aider de quelque manière que ce soit», a déclaré Simms; «mes services, professionnels ou privés, sont toujours à votre disposition, Votre Grâce.» Il s'assit et se tourna vers Jones. «Maintenant, raconte-nous tout cela», dit-il.

Cavendish prit une autre chaise et le duc resta debout.

Jones se sentait irrité, un peu comme un maestro qui, après avoir terminé cette course à obstacles musicale La Grande Polonnaise, se voit demander de la rejouer.

« J'ai tout raconté une fois, dit-il, je ne peux pas le répéter : le duc le sait.

Soudain, Cavendish parla :

"Je comprends, d'après ce que Sa Grâce a dit dans les escaliers, qu'il y a des problèmes d'identité ?"

« Quelques ennuis, » dit Jones ; "Je pense que vous avez raison de qualifier cela de problème."

"Vous êtes M. Jones, je pense", a déclaré Simms.

"Victor Jones était le nom par lequel j'ai été baptisé", a répondu Jones.

« Tout à fait vrai, Américain ? »

"Américain."

« Maintenant, M. Jones, pour plus de formalité, puis-je vous demander où vous vivez en Amérique ? »

"Crême Philadelphia."

"Et à Philadelphie, quelle pourrait être votre adresse ?"

"Numéro mille cent un, Walnut Street", répondit Jones.

Cavendish détourna la tête un instant et le duc changea de position sur le tapis, laissant son coude sur la cheminée et caressant un instant son menton.

Simms seul resta impassible.

"Juste comme ça", a déclaré Simms. "Avez-vous de la famille?"

"Non."

"Je vous demande pardon."

"Non."

"Je pensais que tu avais dit non, c'était mon erreur."

"Pas du tout, j'ai dit non, c'est l'abréviation de non."

" *Abréviation* de non, je vois, juste comme ça."

Cavendish intervint avec un air intéressé.

« Comment épeleriez-vous ce mot ? » lui demanda-t-il. Jones en voulait à Cavendish d'une manière ou d'une autre.

« Je ne sais pas, » dit-il, « ce n'est pas un concours d'orthographe. Non, je suppose. Vous avez entrepris, messieurs, de m'interroger au nom de la famille sur mon identité, je pense qu'il vaut mieux s'en tenir à ce point.

"Juste pour ça", dit Simms, "précisément..."

« Excusez-moi », dit le duc de Melford, « je pense que si M. euh-Jones souhaite prouver son identité en tant que M. Jones, il admettra que ses actions seront utiles. Or, Lord Rochester était, dirons-nous, une personne très exigeante, calme dans ses actions.

"Oh, n'est-ce pas," dit Jones, "c'est une nouvelle."

« Calme, c'est-à-dire dans ses mouvements, n'en parlons pas. Maintenant, mon ami Collins m'a dit quelque chose à propos de la consommation d'un document... »

Jones se hérissa. «Collins n'avait pas le droit de vous dire cela», dit-il, «je lui ai dit cela en privé. Quand t'a-t-il dit ça ?

« Quand j'ai appelé, juste après son entretien avec vous, il ne m'a en aucun cas dit cela de manière offensante. En fait, il semblait vous admirer pour votre… énergie, etc.

« En fait, avez-vous mangé un document ? » demanda Simms avec un air fade et intéressé.

"Je l'ai fait et j'ai sauvé une situation très désagréable *et* un million d'argent."

« Quel était le document ? » demanda Cavendish.

"Une lettre de change."

"Maintenant, puis-je vous demander pourquoi vous avez fait ça?" » demanda Simms.

"Non, vous ne pouvez pas", répondit Jones, "c'est une affaire privée affectant l'honneur d'autrui."

"Tout à fait", a déclaré Simms, "mais juste une dernière question. Avez-vous entendu une voix vous disant de... euh... manger ce papier ?

"Oui."

« De quel genre de voix s'agissait-il ?

"C'était le genre de voix qui appartient au bon sens."

"Ha, ha", rit Cavendish. « Bien, très bien, mais il y a juste quelque chose que je veux demander. Comment se fait-il, monsieur... euh... Jones, que vous ayez pris votre forme actuelle et que vous ayez échangé votre position avec le comte de Rochester ?

«Ô Seigneur», dit Jones. Puis au duc de Melford : « Dis-leur.

"Eh bien", dit le duc. "M. Jones était assis dans le salon d'un hôtel lorsqu'un monsieur entra qu'il connaissait mais ne pouvait pas reconnaître.

"Je n'arrivais pas à trouver son nom", coupa Jones.

"Précisément. Le monsieur a dit : « retourne-toi et regarde-toi dans ce miroir »... »

"Vous avez laissé de côté les boissons", a déclaré Jones.

"Vrai. M. Jones et le monsieur avaient pris certains verres.

"Quelles étaient les boissons?" mis dans Simms.

"Des cocktails au champagne, du whisky et des sodas, puis une bouteille de Bollinger, après", a déclaré Jones.

"M. Jones s'est regardé dans le miroir, continua le duc, et a vu qu'il était l'autre gentleman, c'est-à-dire Lord Rochester.

"Non, l'image des jumeaux", répondit Jones.

"L'image jumelle... eh bien, après cela, on a consommé encore plus d'alcool..."

"Le type m'a drogué avec de la boisson et m'a renvoyé chez lui comme lui-même", a coupé Jones, "et je me suis réveillé dans un lit étrange avec un gars qui tirait les stores."

"Un gars?" mis à Cavendish.

« Un type. Son nom est Church. J'ai cru qu'on me trompait, alors j'ai décidé de jouer le rôle de Lord Rochester. Vous connaissez la suite. Passons au duc de Melford.

« Eh bien, » dit Cavendish, « je ne pense pas que nous ayons besoin de poser d'autres questions à M. Jones ; nous sommes convaincus, je crois, que M. Jones et… euh… le comte de Rochester sont différents.

"Tout à fait", a déclaré Simms, "nous sommes sûrs de sa *bonne foi* et bien sûr, c'est à la famille de décider comment faire face à cette situation extraordinaire. Je suis sûr qu'ils sympathiseront avec M. Jones et ne créeront aucun problème. Il est évident qu'il n'avait aucune mauvaise intention. »

"Maintenant, vous parlez", a déclaré Jones.

"Tout à fait... Encore une question, vous semble-t-il que je n'ai pas du tout parlé de cela ?"

Jones rit. « Il me semble que vous avez prononcé *un* mot ou deux : demandez à une abeille dans une bouteille si elle bourdonne. »

Le cadavérique Cavendish, qui, de par son apparence extérieure, ne présentait aucun signe d'humour, explosa à ce coup, mais Simms resta impassible.

« Tout à fait », dit-il. "Eh bien, c'est tout ce qui reste à dire... mais, en tant qu'homme professionnel, tout cela ne vous a-t-il pas beaucoup éprouvé, monsieur Jones ? Je pense qu'il suffisait d'éprouver la santé de n'importe quel homme."

"Oh, ma santé va bien", a déclaré Jones. «Je peux manger et tout ça, mais parfois, j'ai eu l'impression que je n'étais pas l'une ou l'autre personne, c'est l'une des principales raisons pour lesquelles j'arrête, laissant de côté d'autres choses. Vous voyez, j'ai dû continuer jusqu'à un certain point, et, si vous me permettez de me vanter, je pense que je n'ai pas fait de mal. J'aurais pu mettre mes griffes sur tout cet argent. Si je n'avais pas été un homme hétéro, il y a beaucoup de choses que j'aurais pu faire, à mon avis. Eh bien, maintenant que tout est réglé, je pense que cela devrait être pris en considération. Je ne demande pas grand-chose, juste une commission sur l'argent économisé.

« Décidément », a déclaré Simms. « À mon avis, vous avez tout à fait raison. Mais en tant qu'homme professionnel, ma préoccupation il y a quelques instants concernait votre santé.

"Oh, le voyage de retour aux États-Unis arrangera cela."

"Tout à fait, mais vous excuserez mon instinct professionnel... et je vous rends mes services pour rien, si vous me le permettez... Je constate des signes d'épuisement nerveux... Regardons votre langue."

Jones tira la langue.

"Pas mal", a déclaré Simms. "Maintenant, croise les jambes."

Jones croisa les jambes, de droite à gauche, et Simms, debout devant lui, lui donna une petite tape sèche juste sous la rotule droite. La jambe s'est envolée.

Jones rit.

"Réflexe rotulien exagéré", a déclaré Simms. « Une tapette nerveuse, rien de plus. Une pilule ou deux suffisent. Vous ne remarquez aucune difficulté d'élocution ?

"Pas grand-chose", a déclaré Jones en riant.

"Dites : 'Peter Piper a pris une bouchée de poivrons marinés.'"

« 'Peter Peter a joué un médiator...' » commença Jones, puis il rit.

"Vous ne pouvez pas le dire", a déclaré Simms en haussant un sourcil sage.

"Vous pariez que je peux", a déclaré le patient. « 'Peter Piper a lancé une pioche' »—

"Épuisement nerveux", a déclaré Simms.

"Dis, Doc," coupa Jones, commençant à se sentir légèrement alarmé. "Qu'est-ce que tu veux dire, tu commences à me faire peur, il n'y a vraiment rien qui cloche chez moi, n'est-ce pas ?"

"Rien que ce qui peut être redressé par le soin", répondit Simms.

"Laissez-moi tester M. Jones avec un test linguistique", a déclaré Cavendish. "Dites : 'Elle se tenait à la porte du magasin de sauce de poisson du Strand pour l'accueillir.'"

"Elle se tenait à la porte du magasin de sauces au poisson du Strand pour me souhaiter la bienvenue", a déclaré Jones.

«Hmm, hum», dit Cavendish.

"C'est fou", a déclaré Jones, "personne ne pourrait dire ça - Oh, je vais bien - je pense qu'une petite pilule pour le foie me guérira."

Les deux médecins se retirèrent devant une fenêtre et dirent quelques mots ensemble. Puis ils firent tous deux un signe de tête au duc de Melford.

"Eh bien", dit le duc, "c'est réglé et maintenant, M. Jones, j'espère que vous resterez ici pour le déjeuner."

Jones en avait assez de cette maison.

« Merci, dit-il, mais je pense que je vais revenir. Je veux une promenade. Vous me trouverez à Carlton House Terrace où nous pourrons terminer cette affaire. C'est un poids qui m'est enlevé, maintenant que tout est fini – ouf ! Je peux vous dire que j'ai faim des États-Unis.

Il se leva et prit son chapeau qu'il avait posé par terre, fit un signe de tête au duc de Melford et se tourna vers la porte.

Simms se tenait devant la porte.

"Excusez-moi", dit Simms, "mais je ne vous conseillerais pas de sortir dans votre état, mieux vaut rester ici jusqu'à ce que vos nerfs se soient rétablis."

Jones le regarda.

« Mes nerfs vont bien », dit-il.

« Ne le faites pas, mon cher », dit Cavendish.

Jones se tourna et le regarda, puis se tourna de nouveau vers la porte.

Simms barrait toujours le passage.

« Ne dites pas de bêtises », a déclaré Jones, « pensez que j'étais un bébé. Je vous le dis, je vais bien... que voulez-vous dire... sur mon âme, vous êtes comme beaucoup d'enfants.

Il a essayé de dépasser Simms.

"Vous ne devez pas encore quitter cette pièce", a déclaré Simms. « Priez, calmez-vous. »

"Tu veux dire que tu vas m'arrêter?"

"Oui."

Puis, en un éclair, il comprit. Ces hommes n'avaient pas été envoyés chercher la comtesse douairière de Rochester, ils étaient aliénistes et ils le considéraient comme étant Rochester – Rochester devenu fou.

Dès le début de ses aveux, il avait été pris pour un fou, c'était pour ça que Venetia n'avait rien dit, c'était pour ça que la vieille dame s'était évanouie, c'était pour ça que sa femme, du moins celle de Rochester, était sortie en courant de la pièce. comme une femme aveugle.

Il resta un instant consterné devant cette évidence. Puis il parla :

"Ouvrez cette porte, éloignez-vous de cette porte."

"Asseyez-vous et *calmez* -vous", dit Simms en le regardant droit dans les yeux, "vous ne quitterez pas cette maison."

Ce fut Simms qui s'assit, rejeté par Jones.

Puis Cavendish l'a coincé par derrière, le duc de Melford a crié des instructions, Simms s'est levé et Jones, s'étant libéré de Cavendish, la bagarre a commencé.

On se battait partout dans le salon, renversant les jardinières, les petites tables, les porcelaines coûteuses.

Le pied de Jones est entré dans une armoire à porcelaine transportant des destructions parmi un concert de petites figures de Dresde ; Le derrière corpulent de Simms heurtait un piédestal, portant un buste de la dix-neuvième comtesse de Rochester, renversant le piédestal et brisant le buste, et le duc de Melford, bon vieux sportif qu'il était, aidant dans les affaires avec l'activité d'un garçon de dix-huit ans, a reçu un coup de pied dans le tibia qui a rappelé Eton à travers une longue période d'années.

Puis enfin ils l'ont déposé sur un canapé, les mains liées derrière le dos avec le foulard bandana du duc.

Jones n'avait poussé aucun cri, les autres aucun son, mais les coups, les coups et les fracas avaient été entendus dans toute la maison. Un coup retentit à la porte et une voix. Le duc se précipita vers la porte et l'ouvrit.

« Rien, dit-il, rien de mal. Va-t-en."

Il ferma la porte et se tourna vers le canapé.

Jones s'aperçut dans un grand miroir, heureusement non brisé, s'aperçut tout renversé et remorqué avec Simms à côté de lui et Cavendish debout, réarrangeant ses lunettes.

Il reconnut un fait terrible ; bien qu'il ait détruit des biens valant des centaines de livres sterling, bien qu'il ait combattu ces hommes comme un taureau fou, maintenant que le combat était terminé, ils ne montraient pas le moindre signe de ressentiment. Simms lui tapotait l'épaule.

Il possédait désormais le triste privilège des fous, celui de combattre sans irriter ses adversaires, de briser en toute impunité, de tuer sans être traduit en justice.

Il reconnut également qu'il avait été un imbécile. Il s'était comporté comme un fou, c'est-à-dire comme un homme furieux de colère. La colère et la folie ont d'horribles similitudes.

Il s'éloigna légèrement de Simms.

« Je pense que j'ai été un imbécile, dit-il, trois contre un, ce n'est pas fair-play. Viens, laisse-moi les mains libres, je ne me battrai plus.

"Certainement", a déclaré Simms. « Mais permettez-moi de souligner que nous ne vous combattions pas du tout, nous vous empêchions seulement de suivre une voie préjudiciable à votre santé. Cavendish, voudriez-vous avoir la gentillesse de détacher cet absurde mouchoir ?

Cavendish obéit et Jones, les mains libres, se frotta les poignets.

"Qu'allez-vous faire maintenant?" lui demanda-t-il.

« Rien », dit Simms, « vous êtes parfaitement libre, mais nous ne voulons pas que vous sortiez tant que votre santé n'est pas parfaitement rétablie. Je sais, tu diras que tu te sens bien. Peu importe, suivez l'avis d'un médecin et restez ici tranquillement pendant un petit moment. Allons-nous à la bibliothèque où vous pourrez vous amuser avec le journal ou un livre pendant que je vous prépare une petite ordonnance ?

«Regardez ici», dit Jones. "Parlons doucement un instant, tu penses que je suis fou."

"Pas le moindre!" » dit Simms. "Vous souffrez seulement d'un trouble nerveux."

"Eh bien, si je ne suis pas en colère, tu n'as pas le droit de me garder ici."

C'était rusé, mais, malheureusement, rusé, comme la colère, est un attribut de la folie aussi bien que de la raison.

« Maintenant, » dit Simms d'un air très franc, « pensez-vous que c'est pour notre plaisir que nous vous demandons de rester ici un moment ? Nous ne vous gardons pas, nous vous demandons simplement de rester. Nous descendrons à la bibliothèque et je ferai juste préparer une ordonnance. Ensuite, lorsque vous aurez réfléchi un peu aux choses, vous pourrez utiliser votre propre discrétion pour y aller.

Jones comprit immédiatement qu'il ne servait à rien d'essayer de combattre cet homme avec une autre arme que la subtilité. Il était plutôt pris au piège. Son histoire était telle que personne ne le croirait et, s'il persistait dans cette histoire, il serait considéré comme un fou. En plus de l'histoire, il y avait la mauvaise réputation de santé mentale de Rochester. Ils l'ont traité de Rochester fou.

Puis, tandis qu'il se levait et le suivait jusqu'à la bibliothèque, une dernière inspiration le saisit.

Il s'arrêta à la porte du salon.

« Écoutez ici, dit-il, un instant. Je peux prouver ce que je dis. Vous envoyez un homme à Philadelphie et faites des enquêtes, faites venir quelques-unes des personnes qui me connaissaient. Vous découvrirez que je suis... moi-même et que je ne vous ai pas menti.

"Nous ferons tout ce que vous voudrez", dit Simms, "mais descendons d'abord à la bibliothèque."

Ils sont allés. C'était une grande et agréable pièce bordée de livres.

Simms s'assit à la table à écrire, tandis que les autres prirent des chaises. Il rédigea une ordonnance et le duc, sonnant la cloche, ordonna à un domestique de porter l'ordonnance aux pharmaciens.

Puis pendant les vingt minutes qui précédèrent le retour du domestique, ils parlèrent. Jones, redonnant son adresse, cette adresse fantastique qui était pourtant réelle, et les noms et descriptions des personnes qu'il connaissait et qui le connaîtraient.

« Vous voyez, messieurs, dit-il, c'est juste que je n'ai qu'un seul désir dans la vie en ce moment : être à nouveau moi-même. Pas exactement ça, mais être reconnu comme moi-même. Vous ne pouvez pas imaginer ce qu'est ce sentiment. Tu n'as pas besoin de me le dire. Je sais exactement ce que tu penses, tu penses que je suis Rochester devenu fou. Je sais que les histoires que je t'ai lancées semblent folles, mais c'est la vérité. Le fait est que j'ai parfois eu l'impression que si je n'arrivais pas à ce que quelqu'un me reconnaisse comme étant moi-même, je deviendrais *fou* . Juste une personne qui croit en moi, c'est tout ce que je veux et je me sentirais libre de ce maudit Rochester. Mettez-vous à ma place. Imaginez que vous avez perdu contact avec tout ce que vous avez toujours été, que vous jouez le rôle d'un autre homme et que tout le monde continue d'insister sur le fait que vous êtes l'autre homme. Pensez-y pour un poste. Eh bien, messieurs, vous pourriez ouvrir cette porte en grand. Je ne voudrais pas sortir, pas avant d'avoir convaincu l'un d'entre vous de la véracité de mon histoire. Je ne voudrais pas retourner aux États-Unis, pas avant de t'avoir convaincu que je suis qui je suis. Cela semble stupide, mais c'est une réalité fondamentale. Je dois faire valoir cette position, convaincre quelqu'un qui connaît les faits, et ainsi me ressaisir. Cela ne servirait à rien que j'aille à Philadelphie. Je dirais aux gens que je connais là-bas : « Je m'appelle Jones ». Ils diraient : « Bien sûr que oui » et croyez-moi. Mais alors, voyez-vous, ils ne connaîtraient pas cette aventure et leur confiance en moi ne serait pas du tout une bonne chose. Bien sûr, je *sais* que je suis Jones, mais j'ai quand même joué si fort le rôle de Rochester que des fois j'ai presque cru que j'étais lui, des fois je me suis perdu et j'ai un sentiment derrière Je pense que si je n'arrive pas à convaincre quelqu'un que je suis qui je suis, je risque de devenir fou pour de bon. C'est un sentiment sans raison, je sais. C'est plus comme avoir un grain dans les yeux qu'autre chose. Je veux me débarrasser de cette saleté, et je ne peux pas l'enlever moi-même, quelqu'un d'autre doit le faire. Une seule personne suffirait, une seule personne pour croire ce que je dis et je serais à nouveau moi-même. C'est pourquoi je veux que tu l'envoies à Philadelphie. L'esprit est une chose curieuse, messieurs, la liberté du corps n'est rien si l'esprit n'est pas libre, et mon esprit ne pourra jamais être libre tant qu'une autre personne qui connaît toute mon histoire ne croit en ce que je dis. Je n'aurais pas pu imaginer que quelqu'un soit pris au piège comme ça - j'ai entendu parler d'un acteur jouant un rôle si souvent qu'il est devenu fou et s'est imaginé le personnage. Je ne suis pas comme ça, je suis aussi sain d'esprit que toi, c'est juste ce sentiment de malaise, d'inconfort – cette envie de se retirer complètement de cette affaire, c'est ça le problème.

"Pas grave!" » dit joyeusement Simms, « nous vous ferons sortir seulement, vous ne devez *pas* vous inquiéter. J'admets que votre histoire est étrange, mais nous l'enverrons à Philadelphie et ferons toutes les recherches… entrez.

Le domestique avait frappé à la porte. Il est entré avec le médicament. Simms l'a envoyé chercher un verre de vin et quand il est arrivé, il en a versé une dose.

"Maintenant, prenez une dose de votre médicament comme un homme", dit en plaisantant le gentil médecin, "et une autre dans quatre heures, cela vous rendra nerveux."

Jones jeta les affaires avec impatience.

« Dis, dit-il, il y a un autre point que j'ai oublié. Tu pourrais aller au Savoy et y chercher le commis, il me reconnaîtrait, le barman du bar américain, il pourrait peut-être me reconnaître aussi, il nous a vus ensemble - je dis que je me sens un peu somnolent, tu ne m'as pas dopé, n'est-ce pas ?

Simms et Cavendish, quittant la maison ensemble cinq minutes plus tard, eurent un moment de conversation sur les marches.

"Qu'est ce que tu penses de lui?" » dit Simms.

"Mauvais", a déclaré Cavendish. "Il raisonne sur son propre cas, c'est toujours mauvais, et avez-vous remarqué à quel point il a intelligemment travaillé pour vouloir que quelqu'un croie en lui."

Ils marchèrent ensemble dans la rue.

« Ce succès attendait depuis longtemps », a déclaré Simms. « C'est un héritage. C'est une bonne chose que cela soit arrivé, il était en train de devenir un mot d'adieu – je me demande ce qui introduit l'élément humoristique dans la folie ; cette adresse, par exemple, mille cent quatre-vingt-onze Walnut Street, n'aurait jamais pu s'égarer dans la tête d'une personne saine d'esprit.

— Ni un déjeuner sur les lettres de change, dit Cavendish. « Eh bien, tout ira bien pour lui chez Hoover. Quelle dose lui avez-vous donnée ?

"L'héroïne, surtout", répondit l'autre. "Eh bien, au revoir."

CHAPITRE XXI

ASPIRATEUR

Jones, après la potion magique administrée par Simms, entra dans un état bienheureux de sommeil crépusculaire, moitié sommeil, moitié somnolence, indifférence absolue. Il marcha avec assistance jusqu'à la porte du hall et entra dans une automobile, peu lui importait ce qu'il entrait ni où il allait, il ne voulait pas être dérangé.

Il se réveilla au cours d'un long voyage pour prendre une gorgée de quelque chose que quelqu'un tenait à ses lèvres et se laissa tomber, enroulant le sommeil autour de lui comme une couverture chaude.

De toute sa vie, il n'avait jamais eu un sommeil aussi somptueux, son cerveau fatigué et harcelé se délectait de moments de semi-conscience, puis retombait dans les derniers abîmes de l'oubli.

Il a réveillé un homme nouveau, physiquement et mentalement, avec une mémoire et une compréhension absolument claires. Il se réveilla dans une chambre, une chambre gaie, éclairée par le soleil du matin, une chambre avec une fenêtre ouverte par où passaient les chants des oiseaux et le murmure des feuillages.

Un jeune homme vêtu d'une jaquette noire était assis dans un fauteuil près de la fenêtre, en train de lire un livre. Il ressemblait à un serviteur supérieur.

Jones regardait ce jeune homme, qui n'avait pas encore remarqué le réveil du dormeur, et Jones, en le regardant, rassemblait les faits.

Simms, Cavendish, le fait qu'il ait été dopé, l'endroit où il se trouvait et le jeune homme. Il avait été emmené ici dans ce véhicule, quel qu'il soit ; ils l'avaient cru fou – ils l'avaient emmené dans une maison de fous, ici c'était une maison de fous, ce type sur la chaise était un domestique. Il reconnaissait très clairement ces probabilités, mais il n'éprouvait ni colère ni surprise. Son esprit, absolument apaisé et presque renouvelé par un profond sommeil, voyait tout clairement et sous son vrai jour.

Il était tout à fait logique que, le croyant fou, on l'ait mis dans une maison de fous, et il n'avait aucune crainte du résultat simplement parce qu'il se savait sain d'esprit. La situation était amusante, il fallait aussi s'en libérer, mais on avait largement le temps et il n'y avait pas de place pour l'erreur.

Assez curieusement, maintenant, le désir passionné ou presque passionné de retrouver sa propre personnalité avait disparu, ou du moins, n'était plus actif dans son esprit ; son cerveau, renouvelé par ce terrible sommeil, n'était plus entaché par cette vague crainte, n'était plus troublé par ce curieux besoin de faire croire à son histoire et de le reconnaître pour Jones.

Non, il ne lui importait pas pour l'instant de retrouver sa personnalité aux yeux des autres ; ce qui lui importait, c'était de retrouver sa liberté corporelle. En attendant, prudence. Comme Brer Rabbit, il a décidé de « faire profil bas ».

"Dis," dit Jones.

Le jeune homme près de la fenêtre sursauta légèrement, se leva et vint au chevet.

« Quelle heure ? » » dit le patient.

– Il vient de passer huit heures et demie, monsieur, répondit l'autre. "J'espère que vous avez bien dormi."

Jones a remarqué que cette personne ne le « mon Seigneur ».

"Pas un clin d'œil", dit-il, "on s'est retourné toute la nuit... oh, dis... qu'en penses- *tu* ..."

Le jeune homme parut perplexe.

"Et voudriez-vous quelque chose maintenant, monsieur?"

"Oui, mon pantalon. Je veux me lever.

" Bien sûr, monsieur, votre bain est tout à fait prêt ", répondit l'autre.

Il se dirigea vers la cheminée et appuya sur un bouton électrique, puis il se précipita dans la pièce pour assembler les vêtements de Jones.

La chambre à coucher avait deux portes, l'une donnant sur un salon, l'autre sur une salle de bains ; en une minute, la porte de la salle de bain s'ouvrit et une voix demanda : « Chaud ou froid ?

"Chaud", a déclaré Jones.

« Chaud », dit le préposé.

« Chaud », dit la personne invisible dans la salle de bain, comme si elle enregistrait l'ordre dans son esprit. Puis vint le pétillement de l'eau et, quelques minutes plus tard, la voix :

"Le bain du gentleman est prêt."

Jones se baignait et, bien que la porte de la salle de bain lui fût fermée et que personne n'était présent, il sentit tout le temps que quelqu'un l'observait. Lorsqu'il fut entièrement habillé, le domestique ouvrit l'autre porte et le conduisit dans le salon, où le petit déjeuner était servi sur une petite table près de la fenêtre. Il avait le choix entre des œufs, du bacon et des saucisses, il choisit les premiers et, en attendant, attiré par le agréable bruit estival des balles de croquet qui s'entrechoquent, il regarda par la fenêtre.

Deux messieurs en flanelle blanche jouaient au croquet ; C'étaient de gros messieurs âgés. Et sur un banc de jardin, un jeune homme en pantalon de flanelle et manteau de tweed gris était assis, regardant le match et fumant des cigarettes.

Il a deviné que ces personnes étaient des codétenus. Ils avaient l'air assez heureux, et ayant remarqué ce fait, il s'assit pour le petit déjeuner.

Il remarqua que le couteau qui accompagnait sa fourchette était émoussé et de très mauvaise qualité – du genre à ne pas trancher la gorge, mais il n'y prêta pas grande attention. Il avait autre chose à penser. Les hommes en flanelle lui avaient donné un choc. Instinctivement, il savait qu'il s'agissait de « détenus ». Il n'avait jamais envisagé auparavant la question des fous et des asiles d'aliénés. De vagues souvenirs d'Edgar Allan Poe et des œuvres de Charles Reade avaient entouré le terme d'asile d'aliénés d'une atmosphère de plumes et de brutalité ; le mot fou évoquait dans son esprit l'idée d'un homme manifestement fou. Le fait que cet endroit soit une maison tout à fait ordinaire et d'apparence agréable, et ces gentlemen fous à l'air sensé, lui donnaient une grue.

Le fait qu'un individu apparemment sain d'esprit puisse être retenu comme prisonnier commençait à l'effleurer, qu'un homme puisse être capable de jouer au croquet, de rire, de parler et de s'intéresser intelligemment à la vie et pourtant, juste à cause d'une illusion, d'être détenu comme prisonnier.

Il ne s'en rendait pas encore pleinement compte, mais cela lui venait à l'esprit. Mais il se rendait pleinement compte qu'il avait perdu sa liberté.

Avant qu'il ait fini ses œufs et son bacon, cette reconnaissance devint aiguë.

La peur de perdre sa propre personnalité avait complètement disparu ; toute cette terreur obsédante avait disparu. S'il pouvait s'échapper maintenant, se disait-il, il retournerait directement aux États-Unis. Il avait huit mille livres à la Banque Nationale Provinciale ; personne ne savait que c'était là. Il pourrait s'en emparer en toute conscience et l'emmener à Philadelphie. L'ombre de Rochester – oh, c'était une chose disparue à jamais, dissipée par ce fait réel de liberté perdue – se disait-il.

Un domestique apporta le *Times*, l'ouvrit et alluma une cigarette.

Puis, alors qu'il regardait avec désinvolture les nouvelles et les événements de la journée, un sentiment extraordinaire l'envahit ; tous ces imprimés étaient relatifs aux actions et aux idées d'hommes libres, d'hommes qui pouvaient marcher dans la rue, si l'envie leur plaisait. C'était comme regarder le monde à travers les barreaux. Il se leva et fit les cent pas, les affaires du petit-déjeuner avaient été enlevées et le préposé avait quitté la pièce et se trouvait dans la chambre voisine.

Jones se dirigea doucement vers la porte par laquelle le domestique avait emporté les affaires, et l'ouvrit doucement et sans bruit. Il y avait un couloir à l'extérieur, et il venait juste d'y entrer quand une voix derrière lui le fit se retourner.

« Avez-vous besoin de quelque chose, monsieur ?

C'était le préposé.

"Rien", a déclaré Jones. "Je cherchais juste à voir où cet endroit menait." Il revint dans la pièce.

Il savait maintenant que chacun de ses mouvements était surveillé, et il acceptait ce fait sans commentaire. Il s'assit et prit le *Times* pendant que le préposé retournait dans la chambre.

Il s'était dit au réveil, qu'un homme sain d'esprit, tenu pour fou, pouvait toujours s'affranchir rien que par sa santé mentale. Il reprenait maintenant le raisonnement et cherchait autour de lui une méthode.

Il ne tarda pas à en trouver un. L'éclat de l'idée qui lui était venue tout d'un coup lui fit jeter le papier de ses genoux au sol. Puis, après avoir fumé une cigarette et consolidé son plan, il a appelé le préposé.

"Je veux voir le monsieur qui dirige cet endroit."

« Dr. Aspirateur, monsieur ?

"Oui."

« Certainement, monsieur, je vais appeler et le faire appeler. »

Il sonna, un domestique répondit et partit avec le message.

Jones reprit le journal et recommença à fumer. Cinq minutes se sont écoulées, puis la porte s'est ouverte et un monsieur est entré.

Un homme d'une cinquantaine d'années au visage agréable, rasé de près, vêtu de serge bleue et avec une rose à la boutonnière, tel était le docteur Hoover. Mais l'œil de l'homme le tenait à l'écart des autres ; un œil bleu-gris, vif, aiguisé, dur, malgré tout le sourire sur ce visage agréable.

Jones se leva.

« Dr. Hoover, je pense, dit-il.

"Bonjour", dit l'autre d'une voix chaleureuse. « Belle journée, n'est-ce pas ? Eh bien, comment allons-nous ce matin ? »

"Oh, je vais bien", a déclaré Jones. "Je veux avoir une petite conversation avec toi." Il se dirigea vers la porte de la chambre, légèrement entrouverte, et la referma.

"Pour votre bien", dit Jones, "c'est aussi bien que personne ne nous écoute, le préposé est là-dedans - vous êtes sûr qu'il ne peut pas entendre ce que nous disons, même avec la porte fermée?"

"Tout à fait", a déclaré Hoover avec un sourire bienveillant.

Il était habitué à des choses comme celles-ci, à des communications profondément confidentielles concernant des revendications sur les couronnes et les principautés, ou à des grognements à propos de la nourriture.

Il ne s'attendait pas à ce qui suivit.

« Je ne vais pas me plaindre de votre présence ici », dit Jones ; « C'est ma faute si je fais des farces. Je ne pensais pas qu'ils iraient jusqu'à me doper et à m'enfermer sous le nom que je leur ai donné.

« Et quel était ce nom ? » » demanda gentiment Hoover.

"Jones."

"Oh, et maintenant dites-moi, si vous n'êtes pas M. Jones, qui êtes-vous ?"

"Qui suis je? Eh bien, je peux excuser la question. Je suis le comte de Rochester.

C'était une situation désagréable pour Hoover, mais le visage de ce monsieur ne montrait rien.

« En effet, dit-il, alors pourquoi vous appelez-vous Jones ?

« Pour plaisanter. Je leur ai lancé un fil et ils l'ont pris. Ensuite, ils m'ont donné une gorgée pour calmer mes nerfs, ils ont vraiment pensé que j'étais idiot, et je l'ai bu — vous avez dû voir dans quel état j'étais quand je suis arrivé ici.

"Hum, hum", dit Hoover. Il était habitué aux manières extrêmement rusées des gentlemen déséquilibrés, et il avait une profonde croyance en Simms et Cavendish, dont les noms confirmaient le certificat de folie qu'il avait reçu avec le nouveau venu. C'était aussi un homme aussi rusé que Jones.

«Eh bien, dit-il d'un air de franchise absolue, cela me surprend; une farce, mais pourquoi as-tu fait une telle farce ?

"Je sais," dit Jones, "c'était stupide, juste une bêtise, mais vous voyez comment je suis atterri."

Le Dr Hoover a ignoré cette évasion tout en la constatant.

Puis il commença à poser toutes sortes de petites questions apparemment hors de propos. Jones pensait-il qu'il était moralement justifié de commettre une telle farce ? Pourquoi n'a-t-il pas dit tout de suite qu'il s'agissait d'une plaisanterie, alors que l'affaire en était arrivée à un certain point ? Sa mémoire était-elle aussi bonne qu'avant ? Était-il sûr dans son esprit d'être le comte de Rochester ? Était-il sûr qu'en tant que comte de Rochester, il pouvait détenir ce titre malgré l'affirmation selon laquelle il n'était pas le comte ? Donner des détails, etc. ?

"Maintenant, supposons", a déclaré le Dr Hoover, "je devais contester le titre avec vous et vous dire 'vous êtes M. Jones et je suis le comte de Rochester', comment établiriez-vous votre prétention. Je demande simplement, de savoir si ce que vous considérez comme une plaisanterie n'était pas en réalité un léger oubli de votre part, un léger trouble mental comme celui que provoquent facilement la fatigue ou même le travail, et qui laisse souvent des effets durables. quelques semaines ou quelques mois.

« Maintenant, je dois vous faire remarquer que, comme – plaisanterie ou non – vous êtes venu ici en vous faisant appeler M. Jones, j'aurais le droit de vous demander la preuve que vous n'êtes *pas* M. Jones. Vous voyez mon point ? »

"Assez."

"Eh bien, prouvez votre cause", dit jovialement le médecin.

"Comment puis-je?"

« Eh bien, si vous êtes le comte de Rochester, laissez-moi tester votre mémoire. Qui est votre banquier ?

"Coutts."

Hoover ne savait pas qui pouvait être le banquier du comte de Rochester, mais la rapidité de la réponse le convainquit de sa véracité, et cette rapidité était également un indice de bon sens. Il passa au hasard à un sujet qu'il connaissait.

« Et combien de frères et sœurs as-tu ?

C'était fatal.

L'œil de Jones tomba sous la pression de celui de Hoover.

« Cela ne sert à rien de s'étendre sur ces questions absurdes, dit-il, ce que tout le monde sait. »

« Mais je veux juste vous prouver, » dit doucement Hoover, « que votre esprit, qui dans une semaine sera tout à fait rétabli, est encore un peu fragile.

Maintenant, depuis combien de temps avez-vous réussi à réussir ? titre? C'est juste une question de test de mémoire.

Jones ne le savait pas. Il vit qu'il était perdu. Il avait également acquis une appréciation pour Hoover. À côté du gros Simms et du cadavérique Cavendish, Hoover semblait un homme plein de bon sens.

Jones a reconnu que la nouvelle position dans laquelle il s'était égaré était une impasse. S'il était détenu jusqu'à ce que sa mémoire puisse répondre à des questions dont son esprit ne sait rien, il serait détenu pour toujours. Il a pris la grande détermination de réessayer.

« Écoutez, dit-il, soyons francs les uns avec les autres. Je ne peux pas répondre à vos questions. Maintenant, si vous êtes un homme sensé, comme je suppose que vous l'êtes, et non un homme comme ces autres, qui pensent que tout le monde sauf eux-mêmes est fou, vous comprendrez *pourquoi* je ne peux pas répondre à vos questions. Je ne suis pas Rochester. Je pensais m'en sortir en prétendant que j'avais fait une farce à ces gars-là ; c'était un faux pas, je l'admets, mais quand je me suis arrêté à cette idée, je ne connaissais pas l'homme à qui j'avais affaire. Si vous écoutez mon histoire, je vous raconterai en quelques mots comment toute cette affaire est née.

« Continuez », dit Hoover.

Jones l'a raconté, et Hoover a écouté et lorsque l'histoire fut terminée, au bout d'un quart d'heure environ, Jones n'y croyait pas lui-même. Cela semblait fou. Beaucoup plus fou que lorsqu'il l'avait raconté au duc de Melford et la raison de cette différence était Hoover. Il y avait quelque chose dans les yeux de Hoover, quelque chose dans sa constitution et sa personnalité, quelque chose de voilé et de critique, qui détruisait la confiance.

"Je leur ai demandé de faire une enquête", a terminé Jones, "s'ils veulent seulement le faire, tout sera éclairci."

"Et vous pouvez être satisfait de notre décision", a déclaré Hoover.

"Maintenant, passons à autre chose", a déclaré Jones. « Jusqu'à ce que je quitte cet endroit, ce qui sera bientôt le cas, je l'espère, puis-je vous demander de dire à ce maudit serviteur de ne pas me surveiller toujours. Je ne sais pas si vous me pensez fou ou sain d'esprit, pensez-moi fou si vous voulez, mais croyez-moi, je ne ferai rien de stupide, mais si quelque chose pouvait me rendre fou, ce serait le sentiment que je je suis toujours observé comme un enfant.

Hoover marqua une pause. Il avait une grande expérience des cas mentaux. Il a ensuite dit:

« Ici, vous serez parfaitement libre. Vous pouvez descendre et faire ce que vous voulez. Nous avons des hommes très sympathiques qui séjournent ici et vous êtes libre de vous amuser. Je vais juste vous demander ceci : ne sortez pas du terrain tant que votre santé n'est pas parfaitement établie. Ce n'est pas une prison, c'est un sanatorium. Le colonel Hawker est ici pour la goutte et le major Barstowe pour une névrite, contractée en Inde. Vous les aimerez. Il y en a plusieurs autres qui composent ma maison – vous pouvez venir avec moi maintenant – êtes-vous un joueur de billard ?

"Oui, je peux jouer, mais regarde ici, avant de descendre, où est cet endroit ? Je ne sais même pas dans quelle partie du pays il se trouve."

"Sandbourne-on-sea", répondit Hoover en ouvrant la voie à la sortie de la pièce.

La veille au soir, à Londres, quelque chose s'était produit. Le Dr Simms, lors d'un dîner donné par le docteur Took de l'hôpital de Bethlem, avait, en ce qui concerne l'imagination des fous, donné un exemple :

« Aujourd'hui seulement, dit Simms, j'ai eu un cas d'espèce. Un homme m'a donné comme adresse supposée : mille cent quatre-vingt-onze, Walnut Street, Philadelphie.

"Mais il y a une Walnut Street, à Philadelphie", a déclaré Took, "et elle fait dix miles de long, et les chiffres vont bien dans ce sens."

Une demi-heure plus tard, Simms montait dans sa voiture.

« Hôtel Savoy, Strand », dit-il au cocher.

CHAPITRE XXII

UN INTERMÈDE

Simms, dans son coupé électrique, traversait les rues éclairées au gaz en direction du Strand, jetant un coup d'œil au spectacle nocturne de Londres, mais ne voyant rien.

J'aime m'attarder sur Simms, mais quelles pages de description pourraient le décrire de manière adéquate ; plantureux, calme, dodu et apaisant, ayant l'air d'être né et élevé en redingote, surtout discret ; on l'imagine sortir de son coupé, passer dans le hall de l'hôtel et présenter sa carte au commis avec une demande d'entretien avec le directeur. Le directeur étant absent, son adjoint le remplaça.

« Oui, un gentleman américain du nom de Jones avait séjourné à l'hôtel et, dans la nuit du 1er juin, il avait eu un « accident » dans le métro. La police avait pris en charge l'affaire. Quelle adresse avait-il indiquée lors de la réservation de sa chambre ? Une adresse à Philadelphie. Walnut Street, Philadelphie.

« Merci », dit Simms, « je suis venu me renseigner parce qu'un de mes patients a cru, en voyant le rapport, qu'il pourrait s'agir d'un parent. Elle a dû se tromper, car son parent réside à New York. Merci… tout à fait… bonsoir.

Dans le hall, Simms hésita un moment, puis il demanda à un page de lui indiquer le bar américain, le trouva et commanda un verre d'eau gazeuse.

Il n'y avait qu'un ou deux hommes au bar et, pendant que Simms payait sa boisson, il a eu une conversation avec le barman.

"Est-ce qu'il se souvient avoir vu il y a quelques jours au bar deux messieurs qui se ressemblaient beaucoup ?"

Le barman l'a fait, et comme une indication de la façon dont dans les grands hôtels des événements dramatiques peuvent se dérouler à l'insu du personnel qui n'est pas immédiatement concerné, il n'a jamais mis en relation Jones avec le gentleman américain dont il avait appris la disparition malheureuse dans les journaux.

Il était assez libre dans son discours. La ressemblance l'avait frappé avec force, il n'avait jamais vu deux messieurs aussi semblables l'un à l'autre, habillés différemment, mais toujours semblables. Son assistant les avait vus aussi.

« Tout à fait, » dit Simms ; "Ce sont des amis à moi et j'espérais les revoir ici ce soir. Peut-être qu'ils attendent dans le salon."

Il finit son soda et s'en alla. Il chercha le bureau téléphonique et appela Curzon Street.

Le duc de Melford avait dîné chez lui mais était sorti. Il était au Buffs' Club de Piccadilly.

Simms s'est rendu au Club en voiture.

Le duc était dans la bibliothèque.

Sa Grâce avait des tendances littéraires. Son « Histoire du siège de Bundlecund », dont sept cents exemplaires de la première édition étaient restés invendus, ne l'avait pas dissuadé de tenter le « Siège de Jutjutpore ». Il écrivait beaucoup dans la bibliothèque du club, et ce soir il était en train de prendre quelques notes sur le caractère de Fooze Ali, le chef des assiégeants, lorsque Simms fut annoncé.

La bibliothèque était désertée par tous sauf l'historien, et se retrouvant dans un coin douillet, les deux hommes discutèrent.

« Votre Grâce, » dit Simms, « nous avons commis une erreur. Votre neveu est mort et cet homme que nous avons placé auprès du Dr Hoover est ce qu'il s'est annoncé être.

"Quoi! Quoi! Quoi!" s'écria le duc.

"Il ne peut y avoir aucun doute", a déclaré Simms. «J'ai fait des recherches.»

Il a donné des détails. Le duc écoutait, son cerveau étroit irrité par cette déclaration monstrueuse qui s'était soudainement dressée pour y faire face.

« Je n'en crois pas un mot, dit-il à la fin du récit, et d'ailleurs, je n'y croirai pas. Veux-tu me dire que je ne connais pas mon propre neveu ?

"Ce n'est pas une question de cela", a déclaré Simms. «C'est juste une question de faits de l'affaire. Il ne fait aucun doute qu'un homme exactement comme feu... votre neveu, en fait, a séjourné dans cet hôtel, qu'il y a rencontré votre... votre neveu. Il ne fait aucun doute que cet homme a donné l'adresse aux gens de l'hôtel qu'il nous a donnés, et il ne fait aucun doute dans mon esprit qu'il pourrait présenter un très bon dossier s'il était libre. Qu'il y aurait un très grand scandale, un scandale mondial. Même s'il ne prouvait pas son cas, la réputation de votre neveu serait soumise à une inspection. Là encore, il aurait des soutiens très puissants. Maintenant, vous m'avez parlé de cet homme Mulhausen. Quelle serait la situation de cette propriété si cet homme prouvait ses dires et prouvait que Lord Rochester était mort lorsque le transfert de la propriété lui a été effectué ? Je ne pense pas à ma réputation, » termina l'ingénu Simms, « mais à vos intérêts, et je vous le dis très clairement, Votre Grâce, que si cet homme s'échappait, nous serions tous dans une situation très désagréable.

"Eh bien, il ne s'échappera pas", dit le duc. "Je vais y veiller."

« Tout à fait, mais il y a une autre affaire. Les commissaires à la folie.

"Eh bien, et eux ?"

« Les commissaires ont l'habitude de visiter chaque établissement enregistré en vertu de la loi et malheureusement, ce sont des hommes — je veux dire bien sûr que, heureusement, ce sont des hommes de la probité la plus absolue, mais portés à outrepasser, parfois, les opinion réfléchie de ceux qui sont en contact étroit avec les cas avec lesquels ils sont mis en contact. Ils feraient sans aucun doute une enquête rigoureuse sur la véracité de l'histoire que Lord Rochester vient de raconter, et le résultat, je le vois bien, nous entraînerait dans un de ces *exposés* , ces procès douloureux et interminables, destructeurs également pour la propriété. à la dignité et à cette tranquillité d'esprit inséparable de la santé et de la jouissance des positions auxquelles nous donnent droit mes travaux et la lignée de Votre Grâce.

« Au diable les commissaires », s'écria soudain Sa Grâce. "Voulez-vous dire qu'ils douteraient de ma parole ?"

"Malheureusement, il ne s'agit pas de cela", a déclaré Simms. "Il s'agit de ce qu'ils appellent la liberté du sujet."

« Au diable la liberté du sujet, la liberté du sujet. Quand un homme est fou, de quel droit a-t-il la liberté, la liberté d'égorger les gens peut-être ? Regarde cet imbécile d'Arthur, liberté ! Voyez l'usage qu'il a fait de sa liberté lorsqu'il l'avait. Regardez ce qu'il a fait à Langwathby : il a envoyé un télégramme lui faisant croire que sa femme avait de nouveau éclaté – vous savez comment elle boit – et qu'elle avait été emprisonnée à Carlisle. Et la chose était si astucieusement construite qu'elle ne disait presque rien. Vous ne pouviez pas le toucher là-dessus. Il a simplement dit : « Allez immédiatement au tribunal de police de Carlisle. » Vous voyez l'art de cela ? Je n'ai jamais mentionné le nom de la femme. Il n'y a eu aucune diffamation. Langwathby, pour poursuivre, devrait tout expliquer sur sa femme. Il est venu. Ce qui s'est passé! Vous connaissez son caractère. Il s'est rendu au château de Langwathby avant de se rendre au tribunal de police, et la première personne qu'il a vue était sa femme. Avant tous les domestiques. Attention, devant tous les domestiques, il lui dit : « Alors ils t'ont libérée de prison et maintenant tu ferais mieux de sortir de chez moi. Vous connaissez son caractère. Avant tous les domestiques. Devant tous les domestiques, remarquez, elle l'a accusé de cette affaire honteuse de Pont Street, où il avait été chassé en pyjama — et ils l'avaient à moitié arraché — par le frère de Lord Tango. Tango n'en a jamais rien su. Jamais, mais il le sait maintenant, car Lucy Jerningham était à Langwathby lorsque la scène s'est produite et elle le lui a dit. Le résultat est que le pauvre Langwathby se retrouvera dans le DC Liberty ! De quel droit un homme comme celui-là a-t-il le droit de parler de liberté ?

"Tout à fait", dit Simms, complètement désespéré de pouvoir faire comprendre la vérité sur l'horrible situation dans laquelle se trouve ce cerveau avec des œillères. « *Tout* à fait. Mais les faits sont des faits et il n'en demeure pas moins que cet homme – je veux dire – euh – Lord Rochester, possède à lui seul un grand talent et une grande subtilité. Et il l'utilisera avec les commissaires à la folie lorsqu'ils appelleront.

"Quand appellent-ils?"

« Ah, c'est juste ça. Ils visitent les asiles et les maisons enregistrées de leur propre gré, et l'élément de surprise est l'une de leurs méthodes. Ils peuvent arriver chez Hoover à tout moment. Je dis littéralement, à tout moment. Parfois, ils arrivent dans une maison au milieu de la nuit ; ils peuvent quitter un asile sans visite pendant un mois, puis venir deux fois en une semaine, et ils tiennent littéralement toutes les personnes concernées dans le creux de leurs mains. Si l'entrée leur était refusée, ils n'hésiteraient pas à enfoncer les portes. Leur pouvoir est absolu.

« Mais, bon Dieu, monsieur, s'écria le duc, ce que vous me dites est monstrueux. Ce n'est pas anglais. Entrez par effraction dans la maison d'un homme, espionnez-le au milieu de la nuit ! Eh bien, de tels pouvoirs conférés à un groupe d'hommes conduisent à la terreur. Il faut y veiller. J'en parlerai à la Chambre.

"Tout à fait, mais en attendant, le danger existe et il faut y faire face."

"Je vais l'emmener loin de chez Hoover."

"Ah," dit Simms.

« Je vais le mettre quelque part où ces types ne pourront pas interférer. Et ma place à Skibo ?

Simms secoua la tête.

« Il est sous certificat », dit-il. « Les commissaires se rendent chez Hoover, inspectent les livres, découvrent que Lord Rochester était là, le trouvent parti, découvrent que vous l'avez emmené. Ils vous demanderont simplement de le produire.

"Et mon yacht?" demanda l'autre.

« Un long voyage en mer pour sa santé ?

" Ah, " dit Simms, " c'est mieux, mais les voyages ont une fin. "

« Et ma villa à Naples ? S'il y est correctement soigné, il sera suffisamment en sécurité.

"Bien sûr", a déclaré Simms, "cela signifiera qu'il devra toujours être là, toujours."

"Bien sûr toujours. Pensez-vous que maintenant que je l'ai mis en sécurité, je vais le laisser sortir ?

Sims soupira. L'entreprise dérivait dans des eaux très dangereuses. Il savait de fait et aussi par intuition que Jones était Jones et que Rochester était mort et que sa position malheureuse était la suivante :

1. Si Jones s'échappait de Hoover, insensible et furieux, il pourrait trouver son chemin vers le consul américain ou, *horreur !* dans un bureau de presse. Ensuite, le groupe commençait à jouer.

2. Si Jones était transféré à bord du yacht du duc et séquestré, l'affaire deviendrait immédiatement *criminelle* , et la perspective de longues années de détresse mentale et de peur que l'agile Jones ne se libère se dressait devant lui comme un cauchemar.

3. Il était impossible de faire croire au duc que Jones était Jones et que Rochester était mort.

La seule chose à faire était de libérer Jones, de l'apaiser, de le soudoyer et de l'implorer de retourner en Amérique le plus rapidement possible.

Cela étant clair dans l'esprit de Simms, il se mit immédiatement à agir.

« Il ne s'agit pas tant de votre libération, dit-il, que de sa fuite. Et maintenant je dois dire ceci. Ma réputation professionnelle est en jeu et je dois vous demander de venir avec moi à Curzon Street et de présenter toute l'affaire à la famille. Je souhaite avoir une consultation complète.

Le duc hésita un instant. Puis il accepta et les deux hommes quittèrent le club.

À Curzon Street, ils trouvèrent la comtesse douairière et Venetia Birdbrook sur le point de se retirer pour la nuit. Teresa, comtesse de Rochester, s'était déjà retirée et, bien qu'invitée à la conférence, refusait de quitter sa chambre.

Alors, dans le salon aux portes closes, Simms, s'appuyant sur l'intelligence des femmes, commença, pour la seconde fois, son récit.

Il convainquit les femmes et, à une heure du matin, toujours debout près de ses fusils à la manière des défenseurs de Bundlecund, le duc dut avouer qu'il n'avait plus de munitions. Abandonné en fait.

"Mais que faire ?" demanda la mère distraite du défunt. « Que fera cet homme terrible si nous le relâchons ?

"Faites", cria le duc. "Fais... pourquoi l'imposteur pourrait bien demander ce qu'on va lui faire."

"Nous ne pouvons rien faire", a déclaré Venetia. "Comment pouvons-nous? Comment pouvons-nous dénoncer tout cela devant les serviteurs – et le public ? Tout cela est entièrement de la faute de Teresa. Si elle avait traité Arthur correctement, rien de tout cela ne serait jamais arrivé. Elle a ri et a ridiculisé sa méchanceté, elle... »

« Tout à fait », dit Simms, « mais, ma chère dame, ce à quoi nous devons penser maintenant, c'est à l'homme Jones. Il faut se rappeler que tout en étant une personne extrêmement astucieuse, dans la mesure où il a récupéré pour vous cette grande propriété de l'homme de Mulhausen, il semble honnête. En effet, oui, il est évident qu'il est honnête. Je suggérerais sa libération demain et la remise d'une somme adéquate, disons mille livres, à condition qu'il se retire aux États-Unis. Ensuite, plus tard, nous pourrons réfléchir à un moyen d'expliquer la disparition du défunt comte de Rochester ou simplement laisser entendre qu'il a disparu.

Le reste de cet étrange conclave n'est pas rapporté, Simms cependant fait valoir son point de vue et part le lendemain, après avoir vu ses patients, pour Sandbourne-on-Sea, où il arrive en fin d'après-midi.

Lorsque la mouche louée qui l'avait transporté depuis la gare de Sandbourne est arrivée à l'établissement Hoover, elle a trouvé la porte grande ouverte et, à la porte, l'un des employés, debout dans une attitude d'attente, regardait de haut en bas de la route comme s'il cherchait quelque chose. ou attendre quelqu'un.

CHAPITRE XXIII

FORGERONS

Hoover, qui descendait en tête, montra à Jones la salle de billard du premier étage, la salle à manger et le fumoir. Autant de lieux agréables, avec des fenêtres ouvrant sur les jardins. Puis il le présenta à quelques messieurs. Au colonel Hawker, qui revient tout juste d'une partie de croquet après le petit-déjeuner, au major Barstowe et à un jeune homme sans menton, nommé Smithers. Il y en avait plusieurs autres, très calmes, les trois cités suffisent à considérer.

Le colonel Hawker et le major Barstowe se disputaient dans le fumoir lorsque Hoover et Jones entrèrent.

"Je n'ai pas dit que je ne vous croyais pas", a déclaré Barstowe, "j'ai dit que c'était étrange."

"Étrange", s'écria le colonel, "qu'entendez-vous par étrange ? Ce n'est pas le mot auquel je m'oppose, c'est le ton avec lequel vous avez parlé."

« Quel est le différend ? » » demanda Hoover.

"Eh bien," dit Barstowe, "le colonel me disait qu'il avait vu en Birmanie des porcs de seize pieds de long et des tournesols de vingt pieds de diamètre."

« Oh, cette histoire », dit Hoover ; "Oui, il n'y a rien d'étrange à cela."

"Je renverserai tout homme qui doute de ma parole", dit le colonel, "c'est plat."

Hoover rit, Jones frissonna.

Ensuite, les adversaires sont sortis pour jouer une autre partie de croquet, et Jones, reprenant Smithers, a joué une partie de billard, Hoover s'en allant et les laissant seuls.

Après avoir joué pendant environ cinq minutes, Smithers, qui avait maintenu un silence étrange, a interrompu le match.

"Jouons quelque chose de mieux que ça", dit-il. «Saviez-vous que j'étais riche?»

"Non", a déclaré Jones.

«Eh bien, je suis très riche... Regardez ici», il sortit cinq souverains de sa poche et les montra avec fierté. "Je joue au lancer et au lancer avec ceux-ci", a-t-il déclaré. « Cela ne dérange pas Hoover tant que je ne les perds pas. Le lancer et le lancer avec les souverains sont très amusants, jouons ? »

Jones était d'accord.

Ils s'assirent sur le divan et jouèrent au lancer et au lancer. Au bout de dix minutes, Jones avait gagné vingt livres.

«Je pense que je vais arrêter maintenant», a déclaré Smithers. "Rendez-moi ce souverain avec lequel je vous ai prêté."

"Mais tu me dois vingt livres", dit Jones.

« Je vous paierai cela demain, » dit Smithers ; "Ces souverains ne sont pas à dépenser, ils ne sont qu'à jouer avec."

"Oh, cela n'a pas d'importance", dit Jones en rendant la pièce et en reconnaissant que, sans le sou, il y avait ici un petit fonds sur lequel puiser avec ruse, s'il trouvait un moyen de s'échapper. "Je suis riche. Je vaux dix millions.

« Dix millions de souverains ? »

"Oui."

« Des dorés, comme ceux-là ?

"Oui."

"Je dis," dit Smithers, "pourriez-vous m'en prêter un ou deux?"

"Oui, plutôt."

"Mais tu ne dois pas le dire à Hoover."

"Bien sûr que je ne le ferai pas."

« Quand vas-tu me les prêter ?

«Quand je récupère mon sac de souverains de Londres. Ils descendront bientôt.

«Je t'aime bien», a déclaré Smithers. "Nous serons de grands amis, n'est-ce pas?"

"Sortez plutôt dans le jardin."

Ils sont sortis.

Le jardin entourait la maison, de grands portails en fer forgé, fermés à clé, donnaient sur la route.

Les terrains de tennis et de croquet s'étendaient à l'arrière de la maison, des murs de briques, recouverts en partie d'arbres fruitiers, entouraient l'ensemble. Le mur à gauche de la maison parut à Jones comme étant praticable, et il remarqua qu'aucun des murs n'était cloué ou vitré. Les patients de Hoover n'étaient évidemment pas du type dangereux et agile.

« Qu'y a-t-il de l'autre côté de ce mur ? » demanda Jones alors qu'ils passaient devant la barrière de gauche. Smithers rigola.

« Les filles », dit-il.

"Filles! quel genre de filles ?

« Des petits aux cheveux longs et des plus grands ; ils y apprennent leurs cours, c'est une école. Le jardinier y a laissé son échelle un jour et je suis monté dessus. Il y avait beaucoup de filles là-bas. Je leur ai fait un signe de tête et ils sont tous venus vers le mur. Je les ai tous fait rire. Je leur ai demandé de franchir le mur et de lancer un tirage au sort pour les souverains, puis une dame est venue et m'a dit de m'en aller. Elle ne semblait pas m'aimer.

Jones, tout au long du déjeuner – le repas était servi dans ses propres appartements – faisait tourner des choses dans son esprit, Smithers entre autres. La manie de Smithers de manipuler l'or avait évidemment été satisfaite en lui donnant ces quelques pièces pour jouer. C'étaient des vrais, Jones s'en était assuré. Smithers, malgré son manque de menton, n'était évidemment pas du genre à se laisser rebuter par des pièces contrefaites. Jones était descendu de Londres habillé exactement comme il l'avait appelé à Curzon Street. C'est-à-dire en jaquette noire et pantalon gris. Son grand chapeau avait visiblement été oublié par ses déportateurs. Après le déjeuner, il a demandé une casquette à porter dans le jardin et on lui a fourni une casquette de chasse en tweed gris de Hoover.

Avec cela sur la tête, il s'assit sous une tonnelle, une tonnelle dont, remarqua-t-il, avait son ouverture face à la maison.

Là, tout en fumant, il continuait à réfléchir à ses projets, et c'est là qu'on lui servit le thé de l'après-midi.

Dix minutes plus tard, le colonel et le major commencèrent une autre partie de croquet, et cinq minutes après, ils sortirent de la maison Smithers, avec un filet à papillons à la main.

Jones quitta la tonnelle et rejoignit Smithers.

« Les souverains sont venus », a déclaré Jones.

« Le sac des souverains ?

« Oui, avec un gros sceau rouge des banquiers. Je vais vous en donner cinquante.

"Oh, Seigneur," dit Smithers, "mais tu n'as rien dit à Hoover ?"

"Pas un mot, mais tu dois faire quelque chose pour moi avant que je te les donne."

"Qu'est ce que c'est?"

"Je veux que vous alliez voir le colonel Hawker et que vous le preniez à part."

"Oui?"

"Et dites-lui que le major Barstowe dit que c'est un menteur."

"Oui."

"C'est tout."

«C'est assez simple», a déclaré Smithers.

"Je me tiendrai près du mur ici, et si l'une des filles regarde par-dessus, comme elle le fera probablement, car je vais les siffler, je les ferai venir et se lancerai pour les souverains."

"Ce serait une plaisanterie", dit le malheureux.

"Berr", a déclaré Jones, "j'ai oublié."

"Quoi?"

"Tous mes souverains sont en haut dans le sac, je sais, prête-moi le tien pendant que j'attends."

« Je… je ne prête jamais de souverains », a déclaré Smithers.

« Eh bien, je vais vous en *donner* cinquante – et je vous demande seulement de m'en prêter cinq pour un instant, au cas où ces filles… »

Smithers mit la main dans sa poche et sortit les pièces ; ils étaient dans un petit sac en peau de chamois. "N'ouvrez pas le sac", dit-il, "secouez-le simplement et ils sauront qu'il y a des souverains dedans au bruit."

"Bien", a déclaré Jones. "Maintenant, allez dire au colonel Hawker que le major Barstowe dit qu'il est un menteur."

Smithers s'en alla, un filet à papillons à la main.

Jones ne se faisait aucune illusion. Il estimait que le jardin était toujours sous surveillance et qu'un homme franchissant un mur aurait peu de chance d'atteindre la rue, à moins qu'il ne parvienne à distraire l'attention des observateurs. Il pensait qu'il était probable que sa conversation avec Smithers avait été surveillée, et peut-être que la remise de quelque article avait été notée.

Il y avait un siège juste ici, près du mur. Il s'assit dessus, mit sa casquette sur ses yeux et étendit ses jambes. Puis, sous la visière de la casquette, il regarda

Smithers s'approcher du colonel Hawker, l'interrompre au moment où il était sur le point de frapper et l'entraîner à l'écart.

L'effet sur l'esprit du colonel de l'interruption de son attaque, suivi de l'information soudaine que sa véracité avait été mise en cause, fut miraculeux et soudain comme la gifle sur le côté du visage qui envoya le chasseur de papillons s'envoler. L'attaque contre Barstowe, qui semblait bien se battre, les cris, les cris, les imprécations, le fait qu'une demi-douzaine de personnes, détenus et surveillants, se soient joints à la confusion comme par magie, tout cela n'était rien pour Jones, et ce n'était pas non plus le cas. le fait subsidiaire que l'un des détenus, un ecclésiastique aux manières calmes, ayant un goût pour les incendies criminels, avait profité de la confusion et était patiemment et assidûment au travail, tirant le chaume de la maison d'été en six endroits différents, avec un long feu caché boîte d'allumettes.

Jones, sur le coup du colonel, s'était levé de son siège et, à l'aide d'un prunier dressé au mur, avait atteint le sommet du mur et s'était laissé tomber de l'autre côté dans un lit de réséda. C'était une journée de hockey à l'école et il n'y avait aucune fille dans le jardin. Il la traversa en courant jusqu'au portail ouvert et atteignit la route, courut sur la route qui était déserte et, brûlant sous le soleil de fin d'après-midi, arriva sur une route secondaire et ralentit le pas. Toutes les routes étaient du même tracé, larges, respectables, bordées de maisons individuelles et jumelées entourées de jardins et étiquetées selon la fantaisie du propriétaire. De vieux colonels et majors anglo-indiens vivaient ici, et on connaissait leurs maisons sous des noms tels que «Lucknow», «Cawnpore», etc., tout comme on connaît les azalées par leurs fleurs. Jones, comme un animal cherchant à se cacher, poursuivit son chemin jusqu'à atteindre une rue remplie de magasins. Une très longue rue, allant du nord au sud, avec les devantures des magasins du côté est, protégées et éclairées par le soleil. Un éclat de mer bleue et parfaite apparaissait au bout de la rue, et sur la mer la voile blanche d'un bateau. Sandbourne-on-Sea est un endroit agréable où séjourner, mais Jones ne voulait pas y rester.

Son esprit travaillait fébrilement. Il y avait sûrement une gare quelque part, et, tout aussi sûrement, la gare serait le premier endroit où ils le chercheraient.

Londres était son objectif. Londres et la National Provincial Bank, mais de la direction ou de la distance à parcourir, il n'en savait pas plus que l'homme sur la lune.

CHAPITRE XXIV

IL COURIT SUR TERRE

Alors que le renard cherche une terre, il cherchait un trou pour se cacher. De l'autre côté de la route, une maison étroite, située entre une poissonnerie et une bibliothèque en bord de mer, affichait dans l'une de ses fenêtres inférieures une carte avec le mot « Appartements ». .» Jones traversa la route menant à cette maison et frappa à la porte du hall. Il attendit une minute et demie, quatre-vingt-dix secondes, et à chaque seconde une vision encadrée de Hoover à sa poursuite, Hoover et ses assistants courant comme des chiens sur une odeur brûlante. Puis il trouva une cloche décrépite et la tira.

Presque au moment où on tirait, la porte s'ouvrit, révélant une petite femme d'une cinquantaine d'années, sans activité, aux yeux perçants et à l'air joyeux, portant une broche camée et des bagues en cornaline. Elle portait d'autres choses mais vous ne les avez pas remarquées.

"Avez-vous des chambres à louer?" » demanda Jones.

«Eh bien, monsieur, j'ai le salon de devant inoccupé», répondit l'hôtesse, «et deux chambres à coucher au dernier étage. Y a-t-il des enfants ?

"Non", a déclaré Jones. «Je suis venu ici seul pour des vacances. Puis-je voir les chambres ?

Elle l'emmena d'abord dans la chambre du haut. C'était propre et bien rangé, tout comme elle, et offrait une vue joyeuse sur les devantures des magasins de l'autre côté de la rue.

Jones, regardant par la fenêtre, vit quelque chose qui le tint un instant fasciné et oubliant son environnement et son compagnon. Hoover, rien de moins, marchant précipitamment et accompagné d'un homme qui ressemblait à un jardinier. Ils passaient vers la mer, regardant autour d'eux. Hoover avait l'apparence d'une personne qui a perdu un sac à main ou un objet de valeur, pensa Jones en les regardant disparaître. Il se tourna vers la propriétaire.

« J'aime cette pièce, dit-il, elle est gaie et calme, exactement le genre d'endroit que je désire. Voyons maintenant le salon.

Le salon se vantait d'un canapé en crin de cheval, de chaises assorties, de tableaux assortis et d'une bibliothèque vitrée contenant des volumes du Sunday Companion, Sword and Trowel, Home Influence et les « Moths » de Ouida dans le vieux papier à dos jaune, deux shillings. édition.

"Vraiment très sympa", a déclaré Jones. "Que facturez-vous?"

« Eh bien, monsieur, dit la logeuse (elle s'appelait Henshaw), c'est une livre par semaine pour les deux chambres sans pension, deux livres avec. »

« Des extras ? » » demanda l'astucieux Jones.

"Non monsieur."

« Eh bien, cela me fera du bien. Je suis arrivé ici directement de la gare, et mon porte-manteau n'est pas arrivé, bien qu'il soit étiqueté ici, et le porteur m'a dit qu'il l'avait mis dans le train. Il faudra que je remonte ce soir à la gare pour voir s'il est arrivé. En attendant, voyant que je n'ai pas mes bagages avec moi, je vous paierai d'avance.

Elle lui a assuré que cela n'était pas nécessaire, mais il a insisté.

Lorsqu'elle eut accepté l'argent, elle lui demanda ce qu'il prendrait pour le dîner, ou préférerait-il un dîner tardif.

« Souper », répondit Jones, « oh, n'importe quoi. Je ne suis pas particulier.

Puis il se retrouva seul. Il s'assit sur le canapé en crin pour réfléchir. Hoover va-t-il circulariser sa description et offrir une récompense ? Non, c'était hautement improbable. Hoover's était un établissement de grande classe, il éviterait toute publicité autant que possible, mais il serait presque sûr d'utiliser les renseignements, tels qu'ils étaient, de la police, pour leur dire d'agir avec prudence.

Se renseignerait-il dans tous les gîtes ? C'était un point douteux. Jones a essayé de se mettre dans la position de Hoover et a échoué.

Une chose que Hoover ferait certainement. Faites surveiller toutes les sorties de Sandbourne-on-Sea. C'était la chose logique à faire, et Hoover était un homme logique.

Il n'y avait qu'à laisser à la chasse le temps de se calmer, et à cette pensée la perspective de passer des jours entiers à se cacher dans cette pièce aux angles droits et aux meubles recouverts de crin, se dressait devant lui comme une vague noire. Puis vint la pensée presque réconfortante : il ne pouvait pas se cacher sans susciter des soupçons de la part de Mme Henshaw. Il faudrait qu'il s'en aille, d'une manière ou d'une autre. Le temps était magnifique et la bande d'algues suspendue près de la cheminée était sèche comme de l'amadou. Un visiteur du bord de mer qui resterait assis toute la journée dans sa chambre face à un tel temps créerait un intérêt des plus malsains dans l'esprit de n'importe quelle hôtesse du bord de mer. Non, quoi qu'il fasse d'autre, il ne pouvait pas se cacher.

Les choses les plus terribles dans les situations dramatiques sont les petites choses qui parlent une fois dans la vie. Le motif du tapis qui vous dit qu'il n'y a aucun doute sur le fait que votre femme s'est enfuie avec tout votre argent et vous a laissé sept enfants à charge, la forme de la chaise qui vous dit que la Justice avec un nœud coulant dans sa main attend sur le pas de la porte d'entrée. Jones, tout à l'heure, était obsédé par *le* tableau de la pièce, qui se trouvait au-dessus de la cheminée.

C'était une oléographie d'un gentleman en uniforme, probablement le Prince Consort, correct, sain d'esprit, courtois - une comparaison terrible pour un homme dans une situation de folie, car la folie ne se limite pas au cerveau de l'homme ou à ses productions - même si Dieu sait qu'elle a un beau champ de mouvement dans les deux cas.

Un rat-tat-tat tonitruant à la porte du hall remit Jones sur ses pieds. Il entendit la porte ouvrir, une voix dehors disant « N'k you » et la porte se ferma. C'était un colis laissé dedans. Puis il entendit Mme Henshaw descendre les escaliers de la cuisine et tout fut calme. Il se tourna vers la bibliothèque, l'ouvrit, inspecta le contenu et choisit « Papillons de nuit ».

CHAPITRE XXV

MITES

En cas de mauvaise santé ou de convalescence, d'inquiétude ou de tribulation, l'esprit ordinaire ne se tourne pas vers Milton ou Shakespeare, ni même vers les sermons de Charles Haddon Spurgeon. Il existe peu de classiques qui résisteront à l'épreuve d'un rhume de tête, d'une crise de dépression, d'un mari inquiet ou d'une petite tragédie. Ici, l'écrivain de « light fiction » tient bon.

Jones n'avait jamais été un grand lecteur, il avait lu un ou deux romans bon marché, mais ses recherches dans le domaine littéraire s'étaient principalement limitées aux hautes terres où l'herbe s'améliore.

La couleur, la poésie et la construction dans la fiction lui étaient inconnues, et voilà qu'il se retrouvait soudain sur la plage de Trouville.

Sur la plage de Trouville avec Lady Dolly sautant devant lui dans la mer.

Il avait atteint les fiançailles forcées de la belle héroïne avec le méchant prince russe, lorsque la porte s'ouvrit et que le plateau du souper entra, suivi de Mme Henshaw. Restée à l'honneur et à sa propre initiative, elle avait produit un énorme homard, suivi de fromage, et trois petites tartelettes à la confiture d'aspect terne sur une assiette à motif de saule.

Quand Jones eut gâché le homard et dévoré les tartelettes, il continua avec le livre. La charmante héroïne était devenue pour lui Teresa, la comtesse de Rochester, le chanteur d'opéra lui-même et le prince russe Maniloff.

Puis le crépuscule grandissant l'arracha du livre. Il fallait faire du travail.

Il sonna, dit à Mme Henshaw qu'il se rendait à la gare pour voir après ses bagages, prit sa casquette et sortit. Bizarrement, il ne se sentait pas nerveux. La première rafale était passée et il s'était adapté à la situation, l'obscurité croissante lui procurait un sentiment de sécurité et les lumières des magasins le réconfortaient d'une manière ou d'une autre.

Il tourna à gauche vers la mer.

Cinquante mètres plus loin, il tomba sur un Gentlemen's Outfitters, aux fenêtres duquel les cravates colorées hurlaient, et les chemises fantaisie élevaient leurs voix discordantes avec les gilets d'été de Gand et ces chapeaux panama, adorés l'année de cette histoire par la jeunesse du fleuve et de la mer.
.

Jones, sous les mains du valet de chambre de Rochester et contraint par les circonstances d'utiliser les vêtements de Rochester, était l'un des hommes les mieux habillés de Londres. Livré à lui-même dans cette affaire, il était perdu. Il n'avait aucune idée de quoi porter ou ne pas porter, aucune idée de la damnation sociale qui réside dans les pantalons en tweed non retroussés en bas, les gilets fantaisie, les cravates faites du soir, le melon porté avec une jaquette noire ou le chien. -des gants en peau. Heinenberg et Obermann de Philadelphie l'avaient habillé jusqu'à ce que Stultz reprenne inconsciemment l'entreprise. Il était à peine conscient de l'incongruité de sa tenue actuelle, surmontée de la casquette en tweed de Hoover, mais il était tout à fait conscient du fait qu'un changement de tenue vestimentaire était impératif pour pouvoir s'échapper de Sandbourne-on-Sea.

Il entra dans la boutique de Towler et Simpkinson, acheta un panama à six sous, l'enfila et fit confectionner la casquette en tweed dans un paquet. Puis un manteau de flanelle l'attira, un manteau de tennis en flanelle grise coûtant quinze shillings. Cela lui allait à merveille, à l'exception du fait presque négligeable que les manches descendaient presque jusqu'à ses jointures. Puis il acheta une chemise de nuit pour trois et onze personnes et fit tout préparer en un seul paquet.

Dans une pharmacie voisine, il a acheté une brosse à dents. Dans le miroir du comptoir, il s'aperçut dans le panama. Il lui semblait que non seulement il n'avait jamais été aussi bien dans aucun autre couvre-chef, mais que son apparence était complètement modifiée.

Charmé et réconforté, il quitta la boutique. À côté de la pharmacie et au coin de la rue se trouvait un pub.

Jones était certain, grâce à sa connaissance de Hoover, que le tout dernier endroit où il croiserait un de ses assistants serait un pub. Il entra dans le bar public, s'assit près du comptoir et commanda un verre de bière et un paquet de cigarettes. L'endroit était envahi par les vapeurs de tabac et de cigarettes bon marché et par l'odeur de la bière. La lumière du gaz dur ne montrait aucune décoration, rien que des boiseries en pitchpin, des crachoirs, des bouteilles sur des étagères et un almanach. La barmaid, une fille au long cou, aux mains rouges, avec des bagues bon marché et une rose à la ceinture, se détacha d'une conversation sérieuse avec un jeune dans un melon habitant le bar du saloon, tira une poignée, laissa tomber un verre de bière devant Jones et lui rendit la monnaie sans un mot ni un regard, revenant à sa conversation avec le jeune joueur de quilles. De toute évidence, elle n'avait aucun œil pour les gens du bar public. Il y a des notes, même à la taverne.

Près de l'endroit où Jones s'était assis se tenait une personne portant des chaussures cassées, un vieux chapeau de paille, un manteau avec visiblement des paquets dans les poches de queue et un pantalon effiloché aux talons. Il avait un visage rouge et mal rasé et lisait le *Courrier du soir* .

Soudain, il frappa le papier du bout des doigts de sa main droite et le jeta sur le comptoir.

« Le gouvernement ! Gouvernement! une sorte de gouvernement sympa, qui se payent quatre cents dollars par an pour suivre Asquith et voler les propriétaires fonciers pour avoir de l'argent, Dieu du diable.

Il s'arrêta pour allumer une sale pipe en terre cuite. Il avait les yeux rivés sur Jones et le considérait évidemment, pour une raison occulte, comme partageant la même pensée politique que lui, et il s'adressait à lui de cette manière impersonnelle avec laquelle on s'adresse à un auditoire.

"Ils ont abattu et mis à bas la Chambre des Lords, et maintenant ils s'en prennent à l'Église galloise, après quoi ils s'en prendront au Landed Preprior et *l' achèveront* . " Et qui est à blâmer ? les radicaux, non, ils ne sont pas responsables de leurs instincts, pas plus que les rats ; nous sommes à blâmer, les conservateurs sont à blâmer, nous n'avons pas d'homme combattant pour nous protéger. Les Radicaux ont tout ce qu'il faut : regardez le combat que Bonna Lor a mené cette semaine. Lutte! Un chat Tom aveugle avec sa tête dans une vieille boîte à tarte ferait un meilleur combat que celui de Bonna Lor. Regardez Churchill, ce type était l'un des nôtres autrefois, il est né pour diriger les classes, et maintenant regardez-le diriger les Marseillais, jusqu'au cou dans la saleté radicale et prétendre qu'il aime ça. Ce n'est pas le cas, mais c'est un homme avec un œil dans la tête et il sait ce que nous sommes, une bande désossée et sans organisation. Je le dis moi-même, je l'ai dit hier soir dans ce bar, et je le répète, pour deux épingles, j'abandonnerais ma fête. Je le ferais. Pour deux épingles, je jetterais le pays à la poubelle et je laisserais le tout mijoter dans sa propre graisse.

Il s'adressa à sa bière et Jones, très étonné, alluma une cigarette.

"Vivez-vous ici?" lui demanda-t-il.

"Elle penserait que oui", répondit l'autre. « Je suis né ici et j'ai grandi ici, et j'ai vu l'endroit se dégrader ces vingt dernières années, passant d'un quartier résidentiel décent à un ensemble d'écoles et de maisons d'hébergement, perdant de la classe chaque année. Pourquoi la plus grande maison ici appartient à un type qui vend de la nourriture brevetée, il y a deux socialistes au conseil municipal, et le maire de l'année dernière était Hoover, un type qui possède un asile de fous. Un de ses huards est sorti en mars dernier et a failli s'occuper d'un enfant sur Southgate Road avant de recevoir un collier ; et pourtant on en fait un maire.

« Tu prends un autre verre ? » dit Jones.

"Ça ne me dérange pas si je le fais."

"Eh bien, voilà, c'est de la chance", dit-il en mettant son nez dans le nouveau verre.

"Chance!" dit Jones. "Est-ce que les fous de Hoover s'échappent souvent ?"

« Evasion… pourquoi j'ai entendu dire il y a à peine une heure qu'un autre d'entre eux était sorti. Dieu l'aide si les gens de la ville l'attrapent à l'un de ses tours, et Dieu aide Hoover. Un type n'a pas le droit de venir créer une entreprise comme celle-là dans un endroit comme celui-ci rempli de nourrices et d'enfants. Les gens amènent leurs enfants intérieurs ici pour jouer sur le sable, et n'importe quel petit de cet endroit peut se détacher comme une coquille de clochard. *Cela n'est* pas marqué dans les perspectives qu'ils publient avec des images faites en bleu et en yaller, et des mensonges sur l'air et l'eau, et sur la salubrité de la côte sud.

"Non, je suppose que non", a déclaré Jones.

"Eh bien, je dois y aller", dit l'autre en vidant son verre et en s'essuyant la bouche du revers de la main. "Bonne nuit à toi."

"Bonne nuit."

Le défenseur de l'Église et de l'État sortit d'un pas traînant, laissant Jones à ses pensées. Le vent des affaires s'était propagé dans la ville, et même à ce moment-là, sans aucun doute, les gens fermaient soigneusement les portes arrière et inspectaient les maisons.

Il était regrettable que le dernier homme à s'être échappé de l'établissement Hoover ait été enclin à la violence, c'était la seule chose qu'il fallait pour stimuler la rumeur et la faire se propager.

Après être resté assis dix minutes de plus et avoir bu un autre verre de bière tiède, il partit.

Mme Henshaw le fit entrer, et l'ayant informée de son voyage jusqu'à la gare, de l'inutilité de sa quête et de son opinion sur la compagnie de chemin de fer, ses domestiques et ses méthodes, il reçut sa bougie et se coucha.

CHAPITRE XXVI

UN TRAMP, ET AUTRES CHOSES

Il fut réveillé par une matinée glorieuse et, regardant par la fenêtre, il vit la rue animée par le soleil, de gros hommes en flanelle blanche avec les journaux du matin à la main, des enfants déjà en route vers la plage avec des pelles et des seaux, toute la vie matinale d'une ville côtière anglaise en été.

Puis il s'est habillé. Il n'avait pas de rasoir, sa barbe commençait à apparaître et, selon sa nature, ne pas se raser était impossible. L'espace d'un instant, l'idée folle de laisser pousser sa barbe – cette forme de déguisement la plus ancienne – lui vint à l'esprit, pour ensuite s'en débarrasser immédiatement. Une barbe met un mois à pousser, il n'en avait ni le temps, ni l'argent, ni l'envie.

Au petit déjeuner – deux harengs harengs et marmelade – il tint un conseil de guerre avec lui-même.

La nature a doté chaque animal de moyens d'attaque et de défense. Elle a donné à l'homme l'audace et cette étrange indifférence de sang-froid face au danger, lorsque le danger est devenu familier, qui semble être l'apanage de l'homme seul.

Jones était déterminé à tout risquer, à sortir, à prospecter, à trouver une issue probable et à se lancer dans une course audacieuse. Les huit mille livres sterling de la banque de Londres brillaient devant lui comme une galaxie de huit étoiles ; personne ne connaissait son existence. Ce qu'il devait faire une fois qu'il l'aurait obtenu était une question à considérer ultérieurement. Il reviendrait probablement immédiatement aux États-Unis.

Ce qu'il y avait de formidable dans toute cette histoire avec Hoover, c'était qu'elle l'avait libéré de la terreur obsédante de ces terribles sensations de dualité et de négation. Le combat est le meilleur antidote aux troubles nerveux et aux angoisses mentales, et il se battait maintenant pour sa liberté, car le fait était clair devant lui, que, que la famille Rochester le croie pour Rochester ou qu'il soit Jones, c'était pour le faire. leur intérêt à le considérer comme un fou en retraite paisible.

Après avoir déjeuné, il alluma une cigarette, demanda à Mme Henshaw une clé pour ne pas la déranger, enfila son panama et sortit. Il y avait un salon de coiffure en face, il y entra, trouva une chaise libre et se fit raser. Puis il acheta un journal et se dirigea vers la plage. L'idée lui était venue qu'il pourrait peut-être louer un voilier et rejoindre Londres de cette façon, une idée absurde et vague qui le conduisit cependant jusqu'à ce qu'il atteigne l'esplanade, où il resta debout avec le vent marin soufflant sur son visage. .

Les seuls voiliers visibles étaient des bateaux d'excursion, gardés par des débardeurs, chargeant des excursionnistes et brandissant des pancartes pour séduire les innocents.

Le sable grouillait et les machines à laver rampaient vers la mer.

Il arriva sur la plage et s'assit sur le sable blanc et chaud, avec la liberté devant lui s'il avait été une mouette ou un poisson. Prendre une de ces barques en coquille de coque et faire de la godille quelques kilomètres le long de la côte le mènerait où ? Uniquement le long de la côte, parsemée de rochers au-delà des sables et confrontée à des falaises. Il n'avait aucune connaissance des bateaux, la mer était agitée et les voiliers maintenant au large semblaient avancer comme des chevaux de course sur des haies.

Non, il attendrait après le déjeuner, puis, à cette heure somnolente où les pensées de tous les hommes sont un peu engourdies et où la vigilance est la moins éveillée, il trouverait une route, sur une bonne terre dure, et s'élancerait.

Il essaierait d'obtenir une carte cyclable de cette partie du Wessex. Il avait repéré une grande papeterie-libraire près de la plage et il y passerait en revenant.

Puis il se mit à lire son journal, à fumer des cigarettes et à observer la foule.

En regardant, il fut bientôt récompensé par la vue de la honte actuelle de l'Angleterre. Sortant d'une tente de bain et en plein soleil, sortit une fille sans rien, car un jersey bleu moulant n'est rien aux yeux de Modesty ; chaque élévation, chaque dépression, chaque pli de son anatomie éhontée exposée à cent paires d'yeux, elle marchait calmement vers l'eau. Un jeune homme assorti a suivi. Puis ils se vautrèrent dans la mer.

Jones a oublié Hoover. Il se souvenait de Lady Dolly dans « Moths » – Lady Dolly, qui, sur la plage de Sandbourne-on-Sea, aurait été le rose de la bienséance, et les habitants de cette plage n'étaient pas de méchants gens du monde, mais des gens respectables de la classe moyenne.

"C'est assez épais", dit Jones à un vieux monsieur comme une chèvre assise près de lui, dont les yeux étaient fixés en contemplation sur les baigneurs.

"Quoi?"

«Cette fille en bleu. Est-ce qu'aucun d'entre eux ne porte des vêtements décents ?

"Ceux qui sont maigres, oui", répondit l'autre d'un ton lointain et satisfait.

Vers onze heures et demie, Jones quitta la plage, fatigué des reflets, des baigneurs et des enfants qui creusaient le sable. Il s'est rendu à la librairie et, pour un shilling, a obtenu une carte cyclable de la côte et, assis sur un siège à l'extérieur du magasin, l'a numérisée.

Il y avait trois routes partant de Sandbourne-on-Sea ; la route de Londres ; une route traversant les falaises à l'ouest ; et une route traversant les falaises à l'est. La route de l'est menait à Northbourne, une ville balnéaire à environ six ou sept milles de là, la route de l'ouest à Southbourne, à environ quinze milles de là. Londres se trouvait à soixante milles au nord. Le chemin de fer touchait la route de Londres à Houghton Admiral, une gare située à environ neuf milles de la ligne.

C'était la position. Doit-il prendre la route de Londres et monter à bord d'un train à Houghton Admiral, ou prendre la route de Northbourne et prendre un train à partir de là ?

Les trois voies s'offraient à lui comme les trois Destins, et il se décida sur la route de Londres.

Or, l'Homme propose et Dieu dispose.

Il plia la carte, la mit dans sa poche et partit pour la maison – ou du moins celle de Mme Henshaw.

Juste au début de la rue, il s'arrêta devant un photographe pour inspecter les images exposées. Groupes, fêtes de famille, enfants et filles aux traits indécis. Il se détourna de la contemplation de ces choses et se retrouva face à face avec Hoover.

Hoover a dû tourner dans la rue depuis une rue secondaire, seulement soixante secondes avant que la rue ne soit devenue Hooverless. Il était vêtu d'une veste Norfolk et d'une culotte, et ses mollets étaient énormes.

"Bonjour!" dit Jones.

L'exclamation lui fut pour ainsi dire chassée par le choc mental.

La main de Hoover se tendit pour saisir sa proie. Ce qui s'est passé alors a été décrit par M. Shonts, le drapier allemand d'en face, à un ami.

"L'homme maigre a frappé M. Hoover au ventre, qui s'est assis, mais s'est immédiatement relevé et l'a poursuivi."

Jones a couru. Après lui suivaient un agent de police sorti de nulle part, des garçons, un chien qui semblait courir pour faire de l'exercice et Hoover.

Il arriva chez Mme Henshaw, sortit la clé de sa poche, la plongea dans la serrure, ouvrit la porte et la referma. La poursuite était si serrée que le « bang-bang » du heurtoir suivit aussitôt le claquement de la porte.

Puis la cloche retentit, carillon après carillon.

Jones se dirigea vers les escaliers de la cuisine et les dévala, trouva un passage menant à la porte arrière et, sans prêter attention à Mme Henshaw abasourdie, qui sortait de la cuisine avec les mains partout dans la farine, trouva l'arrière-cour.

Un mur blanc se trouvait devant lui, un autre à droite et un autre à gauche. Les murs de gauche et de droite séparaient la cour arrière de Henshaw des cours des maisons de chaque côté, le mur juste devant lui la séparait de la cour arrière d'une maison de Minerva Terrace, qui était parallèle à High Street.

Jones a choisi ce mur. Un chenil sans locataire debout devant lui l'a aidé, et l'instant d'après, il était secoué par une chute de douze pieds et face à une corde à linge pleine de linge. Il plongea sous un drap et tomba presque sur le dos d'une femme corpulente qui accrochait du linge à une deuxième corde à linge, trouva la porte arrière de la maison que la femme corpulente avait laissée ouverte, courut dans un couloir, monta les escaliers d'une cuisine et entra dans une salle de bains. salle. Un vieux monsieur en pantoufles, sortant d'une chambre à droite, lui demanda ce qu'il voulait. Jones, se souvenant de l'affaire plus tard, pouvait entendre la voix et les paroles du vieux gentleman.

Il ne s'arrêta pas pour répondre. Il ouvrit la porte du hall, et l'instant d'après il se retrouva sur Minerva Terrace. Elle était heureusement déserte. Il courut vers la gauche, trouva une ruelle et une terrasse d'habitations d'artisans, neuves, hideuses et composées de briques jaunes. Devant la terrasse se trouvaient des champs. Une porte dans la haie l'invitait, il l'enjambait, traversait un champ, trouvait une autre porte qui le conduisait à un autre champ, et se retrouvait entouré du silence de la campagne, un silence percé et vibré par les chants des alouettes. Les alouettes rendent les terres maritimes des côtes sud et est insupportables. Une alouette dans un cadre convenable, et pendant un moment, est délicieuse, mais vingt alouettes dans tous les degrés de montée et de descente, certaines proches, certaines lointaines, rendent mélancoliques.

Jones s'accroupit un moment dans une haie pour reprendre son souffle. Il était perdu. Les cartes routières ne lui étaient pas d'une grande utilité ici. Les alouettes insistaient là-dessus, jubilatoires ou tristes selon l'étape de leur vol.

Puis quelque chose ou quelqu'un immédiatement derrière lui, de l'autre côté de la haie, poussa un énorme soupir, comme s'il se lamentait sur son sort. Il s'est levé d'un bond. C'était une vache. Il pouvait la voir à travers les ronces et la sentir aussi, douce comme une laiterie du Devonshire.

Puis il se rassit pour réfléchir et examiner la carte qu'il avait heureusement placée dans sa poche. Les routes étaient là, mais comment les atteindre était le problème, et la route de Londres, à laquelle il avait placé sa foi, était désormais impossible. Ce serait sûrement surveillé. Il résolut, après une longue consultation avec lui-même, de se diriger vers Northbourne, en traversant les champs tout droit et en empruntant la route de la falaise quelque part sur son parcours.

Il estimait, avec raison, que Hoover chasserait pour lui, non pas le long de la côte mais à l'intérieur des terres. Northbourne n'était pas la route vers Londres, même si un train pouvait être pris depuis Northbourne. Toute cette affaire était désespérée, mais cette solution semblait être la solution la moins désespérée pour s'en sortir. Et il ne fallait pas qu'il se dépêche, la vitesse ne servirait à rien dans cette course contre le Destin.

Il sortit l'argent de sa poche et le compta. Sur les neuf livres avec lesquelles il avait commencé chez Hoover, il ne restait plus que cinq livres onze et neuf pence.

Il avait dépensé comme suit :

Mme Henshaw	2 £	0	0
Panama		6	11
Chemise de nuit		3	11
Manteau		15	0
Maison publique			dix
Rasage et journal			7
Carte routière		1	0
	3 £	8	3

Il a parcouru ces comptes et les a vérifiés dans sa tête. Puis il remit l'argent dans sa poche et se mit en route à travers les champs.

Malgré toutes ses inquiétudes, ce pays anglais l'intéressait, mais il l'agaçait aussi. Des champs, grands comme des mouchoirs de poche, séparés les uns des autres par des haies monstrueuses et des fossés profonds. Pour traverser ce pays en ligne droite, il faudrait être un cerf ou un kangourou bondissant. Des portes, toujours aux coins et toujours en diagonale par rapport à son chemin, lui donnaient accès d'un champ à l'autre. Il n'y avait pas d'arbres. L'arbre anglais a une antipathie pour la mer et s'en éloigne, mais la haie n'a pas de sensibilité de ce genre. Ces haies semblaient aimer la mer, à en juger par leur taille.

Il était sur le point de franchir l'une des innombrables portes lorsqu'une voix l'interpella. Il se retourna. Un jeune homme en leggings, qui le suivait visiblement inaperçu, leva la main. Jones termina ses affaires avec la porte, puis, tandis que cela restait entre lui et l'étranger, il attendit. Il était bien habillé d'une manière grossière, visiblement un type de fermier supérieur et physiquement une personne avec laquelle il fallait compter. C'était aussi un individu extrêmement capricieux.

« Savez-vous que vous êtes en infraction ? » » demanda-t-il lorsqu'ils furent à distance de conversation.

"Non", a déclaré Jones.

"Eh bien, vous êtes. Je dois vous demander votre nom et votre adresse, s'il vous plaît.

"Pourquoi diable... quel mal est-ce que je fais à vos vieux champs ?" Jones avait oublié sa position, tout, avant l'outrage au bon sens.

« Vous êtes en infraction, c'est tout. Je dois vous demander votre nom et votre adresse.

Maintenant, Jones se souvint de quelque chose qu'il avait lu quelque part. Une déclaration selon laquelle en Angleterre il n'y avait pas de loi sur l'intrusion dans les campagnes, et qu'une personne pouvait aller n'importe où pour cueillir des champignons ou des fleurs sauvages, et qu'aucun propriétaire ne pouvait intervenir tant qu'aucun dommage n'était causé.

« Vous ne connaissez pas la loi ? » demanda Jones. Il récita la loi en conséquence, à l'Inconnu.

L'autre écoutait poliment.

«Je vous demande votre nom et votre adresse», dit-il. "Nos avocats régleront l'autre affaire."

Puis la colère est venue à Jones.

« Je suis le comte de Rochester, dit-il, et mon adresse est Carlton House Terrace, à Londres. Je n'ai pas de cartes sur moi.

Alors la sensation la plus étrange vint à Jones, car il vit que l'autre l'avait reconnu. Rochester était évidemment aussi connu de l'Anglais ordinaire, par son image et sa réputation, que Lloyd George.

"Je vous demande pardon", dit l'autre, "mais le fait est que mes terres sont envahies par des gens de Sandbourne... désolé."

"Oh, n'en parlez pas", répondit le comte de Rochester. « Je ne ferai aucun dégât. Bonne journée." Ils se séparèrent et il poursuivit son chemin.

Un kilomètre plus loin, il rencontra une personne avec des bottes cassées, un visage couleur de bière et des vêtements assortis à ses bottes. Cette personne était assise au soleil sous une haie, un baluchon et une boîte de conserve à côté de lui.

Il a salué Jones comme « Guvernor » et a demandé un match.

Jones a fourni le match et ils ont entamé la conversation.

« Northbourne », dit le vagabond. « Moi-même, je vais par là. Je te montrerai le chemin le plus rapide quand je me serai sucé la pipe.

Jones se reposa un moment près de la haie pendant que la pipe était allumée. L'affaire des intrusions était encore brûlante dans son esprit. L'effondrement du propriétaire n'avait pas entièrement dissipé le sentiment d'indignation.

« N'avez-vous pas peur d'être arrêté pour intrusion ? » lui demanda-t-il.

« Trespass », répondit l'autre, « pas moi. Je n'ai peur d'aucun agriculteur.

Jones a fait part de son expérience.

« Ne soyez pas dans l'erreur », dit le clochard une fois le récit terminé. « Ce type avait raison. Ce type ne pouvait pas toucher les gens comme moi, à moins qu'il ne mente et ne jure que j'avais brisé les barrières, mais il pouvait toucher les gens comme vous. Je connais le Lor. Je le sais parfaitement. Les propriétaires ne le savent pas aussi bien que moi. Ce type connaît le seigneur, sinon il n'aurait pas été aussi enthousiaste à l'idée de connaître votre nom et l'endroit où vous habitiez.

"Mais comment aurait-il pu me toucher s'il ne peut pas te toucher ?"

Le clochard rit.

« Je vais vous le dire, dit-il, et je vous dirai ce qu'il va faire maintenant qu'il est là où vous habitez. Il ira au Co't o' Charncery et demandera une jonction contre vous pour vous empêcher de parcourir ses champs. Vous ne voulez plus parcourir ses champs, cela n'a pas d'importance. Il obtiendra sa 'jonction et vous devrez payer les frais d'épanouissement - vous voyez - les frais d'épanouissement, et à quoi cela ressemblera-t-il ? Dieu sait, peut-être cent livres. Beaucoup de gens se mettent en tête qu'ils peuvent aller où ils veulent. Ils ne le font pas, pas si le propriétaire connaît son Lor, pas à moins qu'ils le sabotent comme moi. Ça servirait à grand chose de m'amener *au* Co't o' Charncery.

« Voulez-vous dire que pour avoir simplement marché dans un champ, un homme peut être traduit devant le tribunal de la Chancellerie et condamné à une amende de cent livres ?

"Il n'a pas été condamné à une amende, cela lui a enlevé des frais."

« Vous semblez en savoir beaucoup sur la loi », dit Jones en appelant hier soir l'homme du pub et en concluant que parmi les ordres inférieurs anglais, il devait y avoir un vaste fonds d'une sorte particulière d'intelligence.

"Oui", dit le clochard. "Je vous l'ai dit." Puis, avec intérêt : « Quel pourrait être votre nom ? »

Jones a répété la formule magique pour voir l'effet.

"Je suis le comte de Rochester."

« Seigneur Rochester. Je pensais connaître ton visage. Vous avez perdu une demi-livre à cause de votre cheval qui courait à Gatwood Park au printemps dernier, douze mois. « White Lady » est arrivée en deuxième position derrière « The Nun », pour une demi-livre. J'avais fait un peu de « Bouteille de Champane » dans l'assiette de vente. Parcourez-moi les listes et choisissez « Dame Blanche ». Je ne savais rien d'elle, j'ai dit à un fren, "voici ma fantaisie". Je ne sais rien d'elle, mais elle appartient à Lord Rawchester et ses chevaux courent droit. des aviateurs avec une dope dans le ventre ou un pullin' jockey sur le dos. Mais c'est l'adulte qui l'a fait, elle a été battue sur le poteau par Haff An'eck, vous vous en souviendrez. Elle aurait gagné deux longueurs, seulement pour ce peu de adulte détrempé, ce serait le poste. Ces adultes veulent une révision, une averse de pluie, et le patron veut des palmes et des palmes à la place des sabots.

"Oui", a déclaré Jones, "c'est vrai."

"Quelques tonnes de gravier feraient ça," continua l'autre, "ce n'est pas juste pour les propriétaires, et ce n'est pas juste pour les bailleurs de fonds, 'arf une livre que j'ai laissé tomber sur ce morceau de merde. « grandi ». Lors de la dernière réunion de Doncaster, je disais exactement la même chose à Lor' Lonsdale à propos du cours de Doncaster. Je l'ai rencontré, d'homme à homme, en dehors du ring, et il m'a tendu un cigare. Nous avons parlé de la même manière que vous et moi pourrions parler maintenant, et je lui dis : « Ce que nous voulons, c'est plus d'argent investi dans les cours. Regardez ces sales fermiers avec la manière dont ils drainent leurs terres, dis-je, et regardez-nous diriger des propriétaires et faire nos paris et décevoir, propriétaires et bailleurs de fonds et tout, faute que les cours soient correctement entretenus. '»

Il retira la douille de sa pipe, ramassa le paquet et se leva en grommelant.

Puis il ouvrit la voie en direction de Northbourne.

Il était maintenant un peu plus de trois heures et la journée était étouffante. Jones, malgré ses autres problèmes, s'intéressait énormément à son compagnon. La hauteur de la position de Rochester ne lui était jamais apparue vraiment jusqu'à ce que le fermier et ce vagabond le lui montrent.

Ils le connaissaient. Pour eux, sans aucun doute, les philosophes et les poètes du monde étaient inconnus, mais ils connaissaient le comte de Rochester, et non de façon défavorable.

Des millions et des millions de personnes dans le monde anglais connaissaient également Sa Seigneurie ; il était de toute évidence une figure nationale. Son caractère anticonformiste, ses « alouettes », sa prodigalité et ses penchants pour les courses de chevaux, même s'ils pouvaient blesser sa famille, seraient de la viande pour les légions qui aimaient un seigneur, qui adoraient les paris, qui adoraient un cheval et un dépensier pittoresque.

Être Rochester, ce n'était pas seulement être un seigneur, c'était bien plus que cela. Il devait être célèbre, un personnage national, dont l'image était imprimée sur la rétine d'un million de personnes. Jamais Jones ne s'était senti plus enclin à s'en tenir à sa position qu'à présent, avec les chiens à ses trousses, un vagabond pour son compagnon et l'obscurité qui l'attendait. Il pensait que s'il pouvait une fois se rendre à Londres, une fois mettre la main sur les huit mille livres qui se trouvaient à la Banque Nationale Provinciale, il pourrait se battre. Combattez pour la liberté, demandez l'aide d'avocats et conservez sa couronne fantôme.

Il avait cessé de craindre la folie ; toute cette peur de se perdre avait disparu, du moins pour le moment. Hoover l'avait guéri.

Pendant ce temps, ils parlaient au fur et à mesure, le vagabond faisant la loi sur les droits sur les communs et les friches, semblant absolument oublier qu'il parlait ou était censé parler à un propriétaire foncier. Ils atteignirent enfin le ruban blanc qui traverse les falaises de Sandbourne à Northbourne et au-delà.

« Voici la route, dit le vagabond, et je prends congé de votre seigneurie. Je vais me détendre un peu parmi ces buissons, je n'ai pas besoin de me dépêcher. Je ne devrais pas oublier de rencontrer votre seigneurie. Blimy si je veux bien. Moi, assis là sous cette haie, et je pense à cette demi-livre que j'ai laissée tomber sur « White Lady » et à votre seigneurie qui arrive… Ça me prend !

Jusqu'à ce moment de séparation, il n'avait pas une seule fois fait seigneur Jones.

Jones, fouillant dans sa poche, en sortit le demi-souverain qui, avec cinq livres un pence et neuf pence, constituait sa richesse matérielle du moment.

Il le remit et le clochard cracha dessus pour lui porter chance.

Puis ils se séparèrent, et le fugitif reprit sa route avec une poche plus légère mais un cœur un peu plus léger.

Il y a des gens qui augmentent et des gens qui diminuent son énergie, il suffit parfois de les regarder sans même leur parler. Le clochard appartenait à l'ancienne classe. Il avait applaudi Jones. Il n'y avait rien de particulièrement gai dans sa conversation, l'effet avait quand même été produit.

Maintenant, le long de la route de la falaise et venant de la direction de Northbourne, un point noir se développa, se résolvant enfin sous la forme d'un vieil homme portant un panier. Le panier était rempli de pommes et de gâteaux Banbury. Jones a acheté huit gâteaux Banbury et deux pommes avec ses un et neuf pence, puis s'est assis sur la pelouse chaude au bord du chemin pour les dévorer. Il s'allongea sur le côté pendant qu'il mangeait et maudissait Hoover.

S'allonger ici pendant une heure en cette journée idyllique, regarder les mouettes blanches voler, écouter le murmure de la mer au loin, quoi de mieux que cela ? Il déterminait s'il devait un jour gagner la liberté et l'argent pour revenir ici passer des vacances.

C'est ce qu'il pensait, lorsque, levé maintenant sur son coude, il aperçut quelque chose qui bougeait parmi les buissons et les herbes hautes des terrains vagues qui bordaient la route de la falaise.

C'était un homme, un homme à quatre pattes, mais qui se déplaçait rapidement, un spectacle assez naturel dans les Highlands traquant les cerfs, mais étrange dans ces collines du Wessex.

Jones, laissant quatre gâteaux Banbury non mangés sur l'herbe, se leva d'un bond, tout comme celui qui rampait.

Puis la course a commencé.

Le poursuivant était handicapé.

Deux côtés d'un triangle sont plus longs que le troisième. Une ligne droite vers Jones permettrait d'économiser beaucoup de mètres, mais la route serait mauvaise à cause des ronces et des buissons, une ligne droite jusqu'à la route allongerait la distance à parcourir, mais donnerait un bien meilleur cap une fois la route atteinte. . Il a choisi cette dernière.

Le résultat fut que lorsque la course commença réellement, le poursuivant était à près d'un demi-mile d'avance. Mais il n'avait pas récemment consommé quatre gâteaux Banbury et deux pommes. Les gâteaux Super-Banbury du bon vieux temps, quand la margarine coûtait neuf pence la livre, la farine à volonté et les groseilles peu recherchées par les riches.

Jones n'avait pas couru depuis des années. Et à cet égard, il est tout à fait surprenant de voir comment la société poursuit un homme une fois qu'il a franchi la barrière, et surtout lorsqu'il doit courir pour sa liberté.

Le premier mille fut mauvais, puis il reçut malgré tout un second souffle grâce à une constitution juste et une vie assez respectable, mais le poursuivant n'était plus qu'à un quart de mille de retard. Jusque-là, le parcours était dégagé, sans spectateurs, mais voici qu'arrivait, en direction de Northbourne, un invalide au bras d'un préposé et derrière eux un garçon à bicyclette. Le vélo a été une inspiration.

Il était également peint en jaune et portait à l'avant un transporteur portant le nom d'un magasinier italien de Northbourne. Il contenait des parcelles, évidemment destinées à l'un des rares bungalows qui jonchaient la falaise.

Le garçon s'est battu pour défendre la propriété de son maître, brièvement, mais il s'est quand même battu, jusqu'à ce qu'un heureux coup de vent le dépose sur le gazon chauffé par le soleil. Les cris de la malade – c'était une femme – résonnaient aux oreilles de Jones comme faisant partie d'un rêve fantastique, tout comme la bicyclette. Il n'y avait pas de cloche, la selle voulait se relever d'au moins deux pouces, mais elle marchait quand même, et le vent était derrière.

Sur la droite, il y avait un dénivelé de deux cents pieds, et la route longeait le bord de la falaise d'une manière meurtrière, pour la simple raison que les chutes de la falaise avaient rongé l'herbe qui bordait la route à quelques pieds de la route. Ce parcours sur une bicyclette inconnue et douteuse, chargée de colis de thé et de sucre, suscitait bien des objections ; ils ne sont pas venus à l'esprit de Jones ; il roulait à bonne vitesse, du moins il le croyait jusqu'à ce que la longue pente menant à Northbourne soit atteinte. Ici, il commença à savoir ce qu'était réellement la vitesse, car il constata qu'en appuyant sur le levier, le frein n'agissait pas. Heureusement c'était une roue libre.

Cette déclivité s'étend entre villas individuelles et murs de pierre abritant de beaux jardins, jusqu'à l'extrémité ouest de l'esplanade, qui en est en fait le prolongement. Pendant les premières centaines de mètres, Jones pensa que rien ne pouvait aller plus vite que les maisons et les murs qui se précipitaient devant lui, mais vers la fin, il ne réfléchit plus.

L'esplanade s'est ouverte, une joyeuse bande d'enfants avec des seaux et des pelles en bois, rentrant chez eux pour prendre le thé, s'est ouverte, a fait place à des immeubles d'appartements précipités avec des balcons verts à gauche, des paysages marins précipités et des machines à laver à droite. Puis la vitesse ralentit.

Il descendit en tremblant et regarda derrière lui. Il avait atteint l'extrémité est de la promenade. Elle était, comme toujours vers cinq heures, absolument déserte des visiteurs. Au loin, à peine sortie d'un kiosque à journaux, une femme se tenait debout, se protégeant les yeux et regardant vers lui. Près d'elle, deux bateliers regardaient dans la même direction. Ils ne semblaient pas excités, juste légèrement intéressés.

A ce moment apparut sur la longue pente qui descendait à l'esplanade la silhouette d'un homme qui courait. Il ressemblait à un policier, un policier du bord de mer.

Jones ne s'est pas arrêté pour vérifier. Il a calé le vélo contre les rails d'une maison avec véranda et a couru.

L'esplanade à l'extrémité est monte jusqu'à la ville par une route en zigzag. Tandis qu'il entreprenait cette ascension, l'esprit de Jones, loin d'être obscurci ou émoussé, était extrêmement actif. Il a vu que maintenant la gare de Northbourne était hors de compte, le vol en train était impossible, car la gare était le tout premier endroit qui serait surveillé. La ligne de côte, à en juger par les résultats actuels, était impossible, car il semblait que s'y tenir, il pourrait continuer à être poursuivi jusqu'à ce qu'il atteigne John o' Groats.

Northbourne est l'image jumelle de Sandbourne-on-Sea, la même longue rue principale, les mêmes magasins aux stores vendant les mêmes marchandises, les mêmes excursionnistes, les mêmes enfants avec des pelles et les mêmes invalides.

Les deux villes sont rivales, chacune revendiquant la plus grande fanfare, la plus longue esplanade, le moins de décès par noyade, les meilleurs égouts, le plus de soleil et les trains les plus rapides en provenance de Londres. Inutile de préciser que l'un d'eux ne dit pas la vérité, ce qui ne semble pas les déranger le moins du monde.

Jones, marchant d'un pas rapide, passa devant un magasin de bottes en bord de mer, une boucherie, un marchand de légumes et un entrepôt italien — le même, à en juger par le nom au-dessus de la porte — qui avait envoyé le messager à bicyclette. Puis vint un palais de cinéma, avec d'immenses images éclaboussées de bandes jaunes annonçant :

"CE SOIR"

Puis une modiste, puis un bureau de poste et enfin une écurie de livrée.

Devant ce dernier se tenait un char-à-banc presque plein. Un tableau noir annonçait à la craie blanche : « Deux heures conduisent deux shillings », et la congrégation du char-a-banc portait ce cachet. Des femmes robustes, des enfants, un ou deux hommes sales et un couple en lune de miel.

Jones, sans la moindre hésitation, monta dans le char-à-banc. Cela semblait envoyé par le Ciel. C'était un siège, il allait quelque part et c'était une cachette. Assis parmi ces gens, il sentit intuitivement qu'une barrière invisible se dressait entre lui et ses poursuivants, que c'était le tout dernier endroit vers lequel un homme à la recherche d'un fuyard jetterait un coup d'œil.

Il avait raison. Tandis que le char à banc attendait encore l'occasion d'un dernier client, le policier qui courait — il marchait maintenant — apparut au bord de la mer. C'était un jeune homme au visage de pomme, il portait un casque de paille – Northbourne distribue chaque année des casques de paille à sa police et des chapeaux de paille à ses chevaux – et il semblait époustouflé. Il regardait autour de lui de droite à gauche, mais il ne regardait jamais une seule fois le char-à-banc et son contenu. Il continua son chemin et, au coin de la rue, il disparut, regardant toujours autour de lui.

Quelques instants plus tard, le véhicule démarrait. Les contenus étaient joyeux et communicatifs les uns avec les autres, conversant librement sur toutes sortes de sujets, et Jones, écoutant malgré lui, rassemblait toutes sortes d'informations sur des sujets allant des images alors exposées au palais du cinéma jusqu'au prix du beurre.

Il découvrit que le contenu consistait en trois fêtes de famille – à l'exclusion des couples en lune de miel – et que l'apparence de fraternité universelle était trompeuse, que les fêtes étaient exclusives, la conversation de chacun étant confinée à ses propres membres.

Son esprit était si occupé par ces faits qu'ils se trouvaient à un mile et demi de Northbourne et au fond du pays avant qu'un grand doute ne le saisisse.

Il a appelé le chauffeur par-dessus la tête des autres pour lui demander où ils allaient.

« Sandbourne-on-Sea », a déclaré le chauffeur.

Or, bien que les Sandbournites détestent les Northbournites comme les Guelfes les Gibelins, bien que les deux villes soient en guerre publicitaire, le trajet de plaisir préféré des char-a-bancs de Sandbourne est vers Northbourne, et vice versa. On le choisit simplement parce que la route est la meilleure des environs et les pentes les plus faciles pour les chevaux.

"Sandbourne-on-Sea?" s'écria Jones.

"Oui", dit le chauffeur.

La vision de lui-même ramené à Sandbourne-on-Sea avec cette foule, puis de nouveau à Northbourne – s'il n'était pas attrapé – apparut pour le moment à Jones comme la dernière grimace possible du destin. Il a eu du mal à sortir, criant au chauffeur qu'il ne voulait pas se rendre à Sandbourne. Le véhicule s'est arrêté et le chauffeur a exigé le plein tarif, soit deux shillings. Jones a présenté l'un de ses souverains, mais l'homme n'a pas pu rendre la monnaie, pas plus qu'aucun des passagers.

"Je passerai aux écuries à mon retour", a déclaré Jones, "et je les paierai là-bas."

"Où restes-tu en ville?" demanda le chauffeur.

« Belinda Villa », a déclaré Jones.

C'était le nom de la villa contre les rails de laquelle il avait laissé le vélo. La stupidité du titre l'avait vaguement frappé sur le moment et l'impression était restée.

"Mme. Cass ?

"Oui."

"Mme. Cass est vide.

Cet état malheureux de Mme Cass n'a pas terrassé Jones.

«Elle l'était hier», dit-il, «mais j'ai pris le salon de devant et une chambre cet après-midi.»

"C'est vrai", dit une grosse femme, "j'ai vu monsieur entrer avec ses bagages."

Dans n'importe quelle congrégation de personnes, vous trouverez toujours un menteur prêt à mentir pour le plaisir, ou pour l'excitation de participer à l'affaire en cours ; à défaut, une personne dotée d'une imagination qui voit ce qui lui plaît.

Cette déclaration étonnante de la grosse femme a presque coupé le souffle à Jones. Mais il y a d'autres personnes dans la foule à côté des menteurs.

"Pourquoi monsieur ne peut-il pas laisser le souverain avec le chauffeur et récupérer la monnaie le matin ?" » demanda l'un des hommes à l'air mauvais. Cet épouvantail n'avait dit un mot à personne pendant le trajet. Il semblait né du hasard pour vivre ce moment suprême, diminuer les possibilités de fuite d'un honnête homme et dépérir.

Jones l'a flétri :

« Tais-toi, dit-il. "Ce n'est pas ton affaire, joue." Puis au chauffeur : « Vous connaissez mon adresse, si vous ne me faites pas confiance vous pouvez revenir avec moi et récupérer de la monnaie. »

Puis il s'est retourné et est parti pendant que le véhicule roulait.

Il attendit qu'un détour du chemin le cache à la vue, puis il se dirigea vers les champs à gauche.

Il lui restait encore les restes du paquet de cigarettes qu'il avait acheté à Sandbourne, et, après avoir franchi quatre ou cinq portes, il s'assit sous une haie et alluma une cigarette.

Il avait faim. Il avait beaucoup travaillé sur quatre gâteaux Banbury et une pomme.

CHAPITRE XXVII

LE SEUL HOMME AU MONDE QUI LE CROIT

Le tabac a atténué son désir de nourriture, a augmenté sa tension artérielle et a reposé son esprit.

Il resta assis à réfléchir. L'histoire des « Papillons de nuit » lui vint à l'esprit et il se demanda comment elle s'était terminée et ce qu'était devenue la belle héroïne à laquelle il avait lié Teresa, comtesse de Rochester, de Zouroff avec qui il avait lié Maniloff, de Corréze avec qui il avait lié Maniloff. s'était lié.

La couleur de cette histoire avait teinté toutes ses expériences au bord de la mer. Alors Mme Henshaw se leva devant son esprit. Que pensait-elle du locataire qui avait traversé sa vie en un éclair et avait disparu par-dessus le mur du jardin ? Et l'entretien entre elle et Hoover, ça aurait valu la peine d'être vu. Alors le garçon sur la bicyclette et le malade hurlant se levèrent devant lui, et cette course folle dévala la pente jusqu'à l'esplanade ; si ces enfants avec leurs pelles et leurs seaux ne s'étaient pas écartés comme eux, si un chien l'avait gêné, si la pente s'était terminée par un virage ! Il s'amusait à imaginer ces possibilités et leurs résultats ; et puis tout à coup une somnolence plus délicieuse qu'aucun rêve l'envahit et il s'endormit.

Il faisait nuit quand il se réveilla avec le reste d'une lune éclairant le champ devant lui. De loin, porté par le vent de la mer, retentit un léger bruit semblable à celui d'un âne en délire aux poumons d'airain braillant à la lune. C'était le son d'un groupe. La fanfare de Northbourne joue dans les Cliff Gardens au-dessus de la mer au clair de lune. Jones sentit que ses cigarettes et ses allumettes étaient en sécurité dans sa poche, puis il partit, traversant le pays en faisant confiance à la Providence comme guide.

Parfois, il s'arrêtait et se reposait sur une porte, écoutant les bruits faibles et indéterminés de la nuit, à travers lesquels entraient parfois les aboiements d'un chien lointain comme le battement d'un marteau.

C'était une nuit d'été parfaite, une de ces rares nuits que seule l'Angleterre peut produire ; il y avait des vers luisants dans les haies et une odeur de foin fraîchement tondu dans l'air. Bien que la musique du groupe ait été effacée par la distance, écoutant attentivement, il perçut le moindre soupçon d'un murmure continu et évidemment le bruit de la mer.

Une heure plus tard, c'est-à-dire vers onze heures, fatigué de se frayer un chemin de champs en champs, dans des ruelles herbeuses et autour des bâtiments de ferme , désespéré et évanoui de faim, Jones trouva une route et par la route un bungalow avec une lumière dans une des fenêtres.

Un bungalow d'apparence redoutablement respectable au milieu d'un jardin bien aménagé.

Jones ouvrit la porte et remonta le chemin. Il allait exiger de la nourriture, proposer de la payer si nécessaire et produire de l'or en guise de preuve de bonne foi.

Il entra dans la véranda, trouva la porte d'entrée qui était fermée, frappa une allumette, trouva la sonnette, la tira et la tira. Il n'y a eu aucune réponse. Il attendit un peu, puis sonna de nouveau, avec le même résultat. Puis il arriva devant la fenêtre éclairée.

C'était une porte-fenêtre à moitié fermée seulement, et une lampe à moitié allumée indiquait une chambre confortablement meublée et une table dressée pour le souper.

Deux places ont été fixées. Une volaille froide intacte sur un plat garni de persil côtoyait un jambon d'York en mauvais état, une salade, un rouleau de beurre couleur primevère, une miche de pain maison et un fromage entouré d'un blanc de neige. une serviette constituait le reste des plats tandis qu'une carafe de bordeaux brillait de manière invitante près du siège du sculpteur. Il ne manquait rien, ou seulement l'invitation.

La volaille a fourni cela.

Jones poussa la fenêtre et entra. Le refermant à moitié, il prit place à la table en posant son chapeau par terre à côté de lui. Tirant un souverain de sa poche, il le posa sur le drap blanc. Puis il est tombé.

On peut généralement reconnaître un homme à son bordeaux, et à en juger par ce bordeaux, l'inconnu qui avait fourni le festin devait être un homme des plus estimables.

Un homme compréhensif et intelligent, un homme qui ne se laisse pas tromper par des cartes de vins spécieuses, une âme généreuse, chaleureuse et pleine de sang - et le voilà.

Un pas retentit sur la véranda, la fenêtre s'ouvrit et un homme d'une quarantaine d'années, bien habillé, grand, mince, brun et maussade se tenait devant le convive.

Il n'a montré aucune surprise. Enlevant son chapeau, il s'inclina.

Jones se leva à moitié.

"Bonjour", dit-il confusément, la bouche pleine, puis il s'affala sur sa chaise.

"Je dois m'excuser d'être en retard", dit le grand homme en posant son chapeau sur une chaise, en frottant ses longues mains et en se dirigeant vers le siège libre. «J'ai été inévitablement arrêté. Mais je suis content que vous n'ayez pas attendu le dîner.

Il s'assit, étala sa serviette sur ses genoux et se versa un verre de bordeaux. Ses yeux étaient fixés sur le souverain étendu sur le drap. Il l'avait noté dès le début. Jones le ramassa et le mit dans sa poche.

"C'est vrai", dit l'inconnu. Puis comme en réponse à une question : « J'aurai une aile, s'il vous plaît. »

Jones coupa une aile de volaille, la plaça dans l'assiette supplémentaire qu'il avait placée sur un côté de la table et la présenta. L'autre s'est coupé du pain, s'est servi de la salade, du sel et du poivre et a commencé à manger, absolument comme si rien d'inhabituel ne s'était produit ou ne se produisait.

Pendant environ une demi-minute, aucun des deux ne parla. Alors Jones dit :

« Écoutez, dit-il, je veux vous donner quelques explications. »

« Explications », dit l'homme long, « et ? »

Jones rit.

« Ce souverain que j'ai mis sur la table et que j'ai remis dans ma poche. Je dois m'excuser. Si j'étais parti avant votre retour, cela aurait été laissé derrière pour montrer que votre chambre n'avait été pénétrée ni par un clochard, ni par un cambrioleur, ni par quelque caduque qui aurait commis une impertinence, peut-être le croiriez-vous.

Le long homme s'inclina.

«Mais», poursuivit Jones, «par un homme poussé par les circonstances à rechercher l'hospitalité sans invitation.»

L'autre s'était soudain souvenu du jambon et s'était levé et se servait, son pince-nez qu'il portait sur un ruban et visiblement uniquement pour lire, pendait aux boutons de son gilet.

« Par les circonstances, dit-il, c'est intéressant. Les circonstances sont les maîtres du dramaturge. Le drame vous intéresse-t-il ?

"Intéressé!" dit Jones. «Eh bien, je *suis* un drame. Je pense que je suis le plus grand drame jamais écrit, et c'est pourquoi je suis ici ce soir.

" Ah, " dit l'autre, " cela devient encore plus intéressant ou promet de le devenir, car je vous préviens clairement que ce qui peut paraître d'un grand intérêt pour l'individu est généralement de peu d'intérêt pour le général. Or, un homme peut, disons, commettre un petit acte que ce que nous appelons Justice désapprouve, et, échappant à la Justice, se retrouve poussé par les circonstances dans des positions étranges et dramatiques, ces positions, bien que d'un intérêt momentané et intense pour l'homme en question, seraient du moindre intérêt pour l'homme dans les étals ou les filles mangeant des petits pains dans la galerie, à moins qu'ils ne soient reliés par ce fil de – comment l'appeler – qui est l'épine dorsale de ce que nous appelons l'histoire.

« Oh, la justice ne s'en prend pas à moi », dit Jones. Puis de vagues souvenirs commencèrent à lui venir à l'esprit, ce long visage glabre, cette mâchoire, ce front, ces cheveux repoussés en arrière.

"Pourquoi, vous êtes M. Kellerman, n'est-ce pas ?" a-t-il dit.

L'autre s'inclina.

« Mon Dieu, » dit Jones, « j'aurais dû vous connaître. J'ai vu votre film assez souvent aux États-Unis et vos pièces de cinéma – je n'ai pas lu vos livres, car je ne suis pas un homme qui lit – mais j'ai été assez fou de vos pièces de cinéma.

Kellerman s'inclina.

« Servez-vous du fromage, dit-il, c'est bon. Je l'obtiens de Fortnum et Masons. Quand je suis entré dans cette pièce et que je t'ai vu ici, pendant un premier instant, j'allais te mettre à la porte, puis j'ai pensé que j'allais m'amuser avec toi et te geler. Alors tu es américain ? Je vous en prie. Mais dis-moi juste ceci. Pourquoi es-tu entré et comment ?

"Je suis entré parce que je suis pourchassé", a déclaré Jones. "Ce n'est pas la loi, je pense que je suis un honnête citoyen - en tout cas, dans mon intention, et quant à la façon dont je suis entré, j'avais envie d'une croûte de pain et j'ai sonné à la porte de votre hall."

« Les domestiques ne dorment pas ici », a déclaré Kellerman. « Cuisinez des ronflements, un bungalow comme un violon pour transmettre les sons, venez ici pour dormir et vous reposer. Ils dorment dans un chalet au bout de la route.

"Donc?" dit Jones. "Eh bien, n'obtenant aucune réponse, j'ai regardé par la fenêtre, j'ai vu le souper et je suis entré."

"C'est exactement le genre de chose qui peut se produire dans une séance photo", a déclaré Kellerman. "Quand je t'ai vu, alors que j'entrais, assis tranquillement en train de souper, la situation m'a immédiatement frappé."

"Vous appelez cela une situation", a déclaré Jones. "Certaines des situations dans lesquelles je me trouve depuis Dieu sait combien de temps ne sont pas claires."

"Vous m'intéressez", dit Kellerman en se servant du fromage. "Vous parlez avec une telle entière conviction de la valeur de vos biens."

« Comment entendez-vous la valeur de mes marchandises ? »

« Vos situations, si vous préférez le terme. Ne savez-vous pas que les bonnes situations sont plus rares que les diamants et plus précieuses ? Avez-vous déjà lu Pickwick ?

"Ouais."

« Alors vous pouvez deviner ce que je veux dire. Les situations ne se produisent pas dans la vie réelle, elles doivent être creusées dans les champs de diamant de l'esprit et… »

« Les situations ne se produisent pas dans la vraie vie ! » dit Jones. « N'est-ce pas... maintenant, vois ici, j'ai dîné avec toi et en échange de ton hospitalité, je te raconterai tout ce qui m'est arrivé si tu l'entends. Je suppose que je vais briser vos illusions. Je vais vous donner un échantillon : j'appartiens au London Senior Conservator Club et pourtant je n'y suis pas. J'ai la plus belle maison de Londres et pourtant elle ne m'appartient pas. Je vaux un million huit mille livres, pourtant l'autre jour j'ai dû voler quelques souverains, mais la loi ne pouvait pas me toucher pour les avoir volés. J'ai un oncle qui est duc et pourtant je n'ai aucun lien de parenté avec lui. Cela semble fou, n'est-ce pas, c'est quand même un fait. Cela ne me dérange pas de tout vous raconter si vous souhaitez l'entendre. Je ne vous donnerai pas les bons noms car il y a une femme dans l'affaire, mais je parie que je vais vous relever les cheveux.

Kellerman ne semblait pas ravi.

« Cela ne me dérange pas d'écouter votre histoire, dit-il, à une condition.

"Qu'est ce que c'est?"

« Que vous ne serez pas offensé si je vous éteint si la chose s'ennuie et si je vous tends votre chapeau, car je dois vous dire que même si je suis venu ici pour dormir, je dors la plupart du temps entre deux heures du matin et midi. . Je travaille la nuit et j'avais l'intention de travailler ce soir.

"Oh, tu peux m'éteindre quand tu veux", a déclaré Jones.

Le dîner étant terminé, Kellerman ferma la fenêtre et, portant la lampe, nous conduisit à un bureau confortablement meublé. Ici, il produisait des cigares et posait une petite bouilloire sur un réchaud à alcool pour faire du thé.

Puis, assis en face de son hôte, dans un fauteuil confortable, Jones commença son récit.

Il avait si souvent raconté son histoire infernale qu'on aurait pu croire que c'était un effort pénible, même au début. Ce n'était pas. Il avait désormais un public en contact avec lui. Il supprima les noms, ou plutôt les modifia, substituant Manchester à Rochester et Birdwood à Birdbrook. Le public s'en fichait, il ne se souciait pas des titres, il voulait une histoire – et il l'a eu.

Vers une heure, le récit était interrompu pendant que le thé était préparé, vers deux heures ou un peu après la fin du conte.

"Bien?" dit Jones.

Kellerman était adossé au dossier de sa chaise, les yeux mi-clos, il semblait calculer quelque chose dans sa tête.

"Tu me crois?"

Kellerman ouvrit les yeux.

« Bien sûr que je te crois. Si vous aviez inventé tout cela, vous seriez assez intelligent pour savoir ce que vaut votre invention et ne pas la confier à un étranger. Mais je doute que quelqu'un d'autre vous croie - cependant, c'est votre affaire - vous m'avez donné cinq bobines des meilleurs matériaux, ou du moins le matériel nécessaire, et si jamais j'ai envie de m'en servir, je vous en préparerai un. contrat vous donnant vingt-cinq pour cent de redevances. Mais il y a une chose que tu ne m'as pas donnée : le dénouement. Cela m'intéresse plus que ça. Je ne pense pas à l'argent, je suis acteur de cinéma dans l'âme et je veux aider dans la pièce. Dites, puis-je vous aider ?

"Comment?"

« Viens avec toi jusqu'au bout, apporte toute l'aide en mon pouvoir – ou même sans cela, regarde simplement le spectacle. Je veux voir le dernier acte car je suis béni si je peux l'imaginer.

"Je préfère ne pas le faire", a déclaré Jones. « Vous pourriez connaître les vrais noms des personnes avec qui je traite, et comme il y a une femme dans le métier, je ne pense pas que je devrais même vous révéler son nom. Non, je pense que je m'en sortirai seul, mais si vous me donniez un canapé pour dormir ce soir, je vous en serais reconnaissant. Ensuite, je pourrai partir demain matin.

Kellerman n'a pas insisté sur ce point.

"Je t'offrirai mieux qu'un canapé", dit-il. « Il y a un lit libre, et tu ferais mieux de ne pas commencer le matin ; laissez-leur le temps de se calmer. Puis vers le soir, vous pouvez faire un sprint. Les domestiques ici vont bien, ils penseront que vous êtes un ami venu de la ville pour me voir. Je vais arranger tout ça.

CHAPITRE XXVIII

MARAIS DE GALETS

Le lendemain, à cinq heures, Jones, habillé par Kellerman d'une jaquette plutôt en mauvais état - un manteau qui avait été laissé au bungalow par l'un des amis de Kellerman - et d'une casquette en tissu sombre, prit son départ. du bungalow. Son apparence était franchement abominable, mais tout à fait distincte de celle d'un homme vêtu d'un manteau de tennis en flanelle grise et portant un Panama – et c'était là l'essentiel.

Kellerman avait également élaboré une histoire et une personnalité pour celui qui venait d'être habillé.

« Vous êtes M. Isaacson », dit-il.

« Voici la carte d'un M. Isaacson qui a appelé il y a quelque temps, mettez-la dans votre poche. Je vais vous écrire quelques fausses lettres pour soutenir la carte, vous êtes dans le commerce de l'horlogerie. Pebblemarsh est la ville la plus proche, à seulement huit kilomètres de là ; il y a une gare là-bas, mais tu ferais mieux de l'éviter. Il y a un garage. Vous pourriez prendre une voiture pour Londres. S'ils vous clouent, criez comme un juif excité, présentez vos informations d'identification, et si le pire arrive au pire, référez-vous à moi et revenez ici. J'adorerais cette interview. Un policier de campagne, un homme d'asile d'aliénés, M. Isaacson très excité et moi-même. »

Il s'est assis pour écrire les fausses lettres adressées à M. Isaacson par son oncle Julius Goldberg et son partenaire Marcus Cohen. Tout en écrivant, il parlait par-dessus son épaule au sujet des déguisements, alléguant que le seul déguisement vraiment impénétrable était celui d'un ménestrel nègre.

« Vous voyez, tous les visages noirs sont à peu près pareils », dit-il. "Leur expression prédominante est noire, mais je n'ai pas les accessoires, ni les pantalons colorés et tout, sans parler d'un banjo, donc je pense que vous devrez simplement être M. Isaacson, et vous pouvez remercier le Dieu de les Hébreux, je n'ai pas fait de toi un vieux fringueur : les montres sont respectables. Voici vos lettres, elles sont courtes mais crédibles. As-tu assez d'argent ? »

« Beaucoup », dit Jones, « et je ne sais pas du tout comment vous remercier pour ce que vous avez fait. J'aurais été eu, bien sûr, avec ce chapeau et ce manteau. Eh bien, peut-être que nous nous reverrons. »

Ils se séparèrent à la porte, le traqué empruntant la route blanche et poussiéreuse en direction de Pebblemarsh, Kellerman surveillant jusqu'à ce qu'un virage le cache à la vue.

Kellerman avait, d'une manière mystérieuse, ajouté une touche de lumière à cette affaire. Cela confondait Kellerman qui pensait en termes de bobines et de situations, avait réussi à donner à Jones le sentiment qu'il bougeait sur l'écran et que les haies pouvaient à tout moment abandonner une armée de poursuivants pour le plus grand plaisir d'un public caché.

Cependant, les haies de la route de Pebblemarsh ne laissaient échapper que des odeurs de bruyère et de cime de bois, rien ne le poursuivait que le gazouillis des oiseaux et les chants des alouettes au-dessus des champs somnolents en été.

Il n'y a rien de mieux pour vivre dans la mémoire qu'une vraie vieille route de campagne anglaise par un parfait après-midi d'été, pas de compagnon plus agréable.

Pebblemarsh est une ville d'environ quatre mille âmes. Elle possède une usine de teinture. Elle possédait autrefois le seul ruisseau à truites vraiment bon dans cette partie du pays, avec le résultat inévitable, car en Angleterre, lorsqu'on découvre un ruisseau à truites vraiment bon, une usine de teinture est toujours érigée sur ses rives. Pebblemarsh ne possède désormais qu'une usine de teinture.

La rue principale s'étend du nord au sud, et en la dépassant, Jones aurait pu se croire à Sandbourne ou à Northbourne, tant ces trois villes se ressemblent.

A mi-hauteur et en face de la poste, une arcade se révélait avec, au-dessus, le mot magique,

"GARAGE"

Il entra dans les lieux. Il n'y avait aucun signe de voiture, rien de mobile dans cette cour, à l'exception d'un gros homme en leggings et en manches de chemise, qui, apercevant l'étranger, s'avança pour le recevoir.

"As tu une voiture?" » demanda Jones.

« Ils sont tous sortis, sauf une Ford », dit le gros homme. "Voulez-vous aller faire un tour en voiture?"

"Non. J'ai envie de courir jusqu'à Londres en toute hâte. Quel est le kilométrage d'ici ?

"Nous estimons qu'il y a soixante-trois milles d'ici à Londres, c'est-à-dire Old Kent Road."

"C'est assez proche", a déclaré Jones. "Quel est le prix?"

"Un shilling par mile pour vous emmener, et six pence par mile pour la voiture qui revient."

« Quel est le total ? »

Le propriétaire revint un instant dans sa tête. « Quatre, quinze et six », dit-il.

« Je vais prendre la voiture, » dit Jones, « et je vais vous payer maintenant. Puis-je l'avoir immédiatement ?

Le propriétaire s'est dirigé vers une porte et l'a ouverte. « Jim, s'écria-t-il, es-tu là ? Gentleman veut que la Ford soit emmenée à Londres, faites-la sortir et préparez-vous.

Il se tourna vers Jones.

"Elle sera prête dans dix minutes si ça suffit?"

"Cela fera l'affaire", a déclaré Jones, "et voici l'argent." Il sortit le sac en peau de chamois, paya les cinq souverains et reçut cinq et six pence de monnaie, ainsi qu'un reçu qu'il mit dans sa poche. Puis Jim est apparu, un homme à l'air discret, enfilant un manteau de conduite qui avait connu des jours meilleurs, la Ford a été sortie de son antre, les pneus examinés et le réservoir d'essence rempli.

"Tu n'as pas de pardessus ?" demanda le propriétaire. "Il fera frais après le coucher du soleil."

"Non", a déclaré Jones. "Je suis descendu sans, il faisait si beau, ça ne fera pas mal."

« Mieux vaut avoir un manteau », dit le propriétaire. « Je vais vous en prêter un. Jim va le récupérer. Il partit et revint avec un gros manteau sur le bras.

"C'est gentil de votre part", a déclaré Jones. "Merci, je vais le mettre maintenant pour éviter les ennuis." C'est alors qu'une idée lumineuse lui vient. « Ce qui me fait le plus peur, ce sont mes yeux, le vent les met à rude épreuve. As-tu des lunettes ?

"Je crois qu'il y a un vieux couple dans le bureau", dit le propriétaire, "attendez une minute." Il est parti et est revenu avec les lunettes. Jones le remercia, les enfila et monta dans la voiture.

« Bon voyage à vous », dit le propriétaire.

Puis ils ont commencé.

Ils remontèrent la rue et suivirent la route par laquelle Jones était venu. Puis ils s'engageèrent sur la route où les « Lucknows » et « Cawnpores » faisaient allusion à de vieux colonels indiens.

Ils passèrent les portes de l'établissement Hoover. Elle était ouverte et un employé regardait la rue de haut en bas. Il regarda la voiture mais il ne reconnut pas l'occupant, puis plusieurs autres routes résidentielles restèrent derrière lui, un cimetière très respectable, une chapelle en étain, et la voiture, empruntant une colline comme savent le faire les Ford, laissa Sandbourne-on-Sea à invisible et s'entourait de vastes étendues de pays verdoyants et chauffés par le soleil, parfumés par le mois de juin et brumeux par la chaleur de l'été.

Ils passèrent devant des houblonnières et des hameaux, de vastes prairies et du bétail en pâturage, des bois bosquets et des parcs.

Jones, même s'il avait enlevé ses lunettes, ne voyait pas grand-chose de la beauté qui l'entourait. Il reconnaissait les faits et se posait des questions.

Si Hoover ou la police appelaient au garage, que se passerait-il ? Connaissant l'itinéraire de la voiture, pourraient-ils télégraphier aux villes en chemin et le faire arrêter ? Quelle était la situation de la loi anglaise à l'égard des gentlemen évadés souffrant d'hallucinations ? Pourraient-ils être arrêtés comme des criminels ? Sûrement pas, et pourtant, en ce qui concerne la loi, qui pouvait être sûr de quoi que ce soit ? Jim, le conducteur sans voix, ne pouvait rien lui dire sur ces points.

Vers le crépuscule, ils atteignirent une assez grande ville, et au centre même de la rue principale, Jim arrêta la voiture pour allumer les phares. Un policier, passant son passage, s'arrêta pour inspecter l'opération puis repartit, et la voiture reprit sa route, s'enfonçant dans un monde de crépuscule et de haies parfumées, où les vers luisants s'illuminaient et sur lequel le ciel montrait un une pincée argentée d'étoiles.

Ils traversèrent encore deux villes sans encombre, puis arrivaient la périphérie de Londres, un dédale de lumières, de voies et de maisons, de lignes de tramway, puis une route sans fin, moitié route, moitié rue, des rangées de magasins, des rangées de vieilles maisons et des semi-jardins. .

Jim se tourna sur son siège. « Voici Kent Road », dit-il. "Nous sommes à peu près au milieu, quelle partie voulais-tu?"

"Cela suffira", a déclaré Jones, "relevez-la."

Il sortit, sortit les quatre et six pence de sa poche et donna à Jim deux shillings en guise de pourboire.

« Vous y retournez ce soir ? » demanda-t-il en retirant son manteau et en le lui tendant avec les lunettes.

"Non," dit Jim. « Je m'arrêterai au dernier pub que nous avons croisé pour la nuit. Cela ne sert à rien de rouler en voiture.

"Eh bien, bonne nuit à vous", dit Jones. Il regarda la voiture tourner et disparaître, puis, avec un sentiment de liberté qu'il n'avait jamais connu auparavant, il poussa vers Londres.

Avec seulement deux pence en poche, il devrait errer toute la nuit ou s'asseoir sur le talus. Il avait plusieurs fois vu la nuit des exclus sur les sièges du talus et il les plaignait ; il ne les plaignait plus maintenant. C'étaient des hommes et des femmes libres.

Le vent était tombé et la nuit était étouffante, beaucoup plus agréable dehors qu'à l'intérieur, terme général qui ne s'appliquait pas à Old Kent Road.

L'ancienne route qui descendait vers le Kent était sans aucun doute autrefois un endroit assez agréable, mais le plaisir l'avait depuis longtemps abandonné, ainsi que la propreté. C'est ici que David Copperfield vendait sa veste, et les vieilles boutiques de drapiers sont si vétustes que n'importe laquelle d'entre elles aurait pu être le théâtre de l'achat. Ce soir-là, la vieille Kent Road grouillait, et plus Jones avançait vers la rivière, plus la foule semblait épaisse.

Dans un pub brûlant, et pour le prix d'un shilling, il obtint suffisamment de nourriture sous forme de saucisses et de purée de pommes de terre pour satisfaire sa faim, une demi-pinte de bière compléta la satisfaction de son homme intérieur, et après avoir acheté un quelques paquets de cigarettes marines coupées et une boîte d'allumettes, il quitta les lieux et poursuivit son chemin vers le fleuve.

Il avait exactement dix pence en poche, et il se mit à penser, tout en marchant, aux extraordinaires fluctuations monétaires qu'il avait éprouvées dans cette ville de Londres. Au Savoy, ce jour fatal, il avait moins de dix livres, le lendemain matin, bien qu'habillé en seigneur, il n'avait qu'un sou, le sou avait été réduit à un demi-penny par l'achat d'un journal, le demi-penny s'était gonflé à cinq livres par l'achat d'un journal. Le cadeau de Rochester, les cinq livres sont passés en cinq minutes à huit mille, grâce à Voles, les huit mille à un million huit mille, grâce à Mulhausen, Simms et Cavendish l'avaient dépouillé de son dernier centime, l'affaire Smithers lui avait donné cinq livres. , maintenant il n'avait que dix deniers, et demain à neuf heures il en aurait huit mille.

On notera qu'il ne considérait ces huit mille siens que lorsqu'ils étaient en sécurité dans sa poche sous forme de notes ; il avait appris par une amère expérience à ne se fier qu'au tangible. Il atteignit la rivière et le grand pont qui l'enjambe ici, et sur le pont il s'arrêta, s'appuyant son coude sur le parapet et regardant en aval.

La lune décroissante s'était levée, peignant l'eau d'argent ; les lumières des barges et celles des remorqueurs et des bateaux de police montraient des points orange et des gouttes d'or ébouriffées, tandis qu'en aval, à droite, les entrelacs féeriques et aériens des Chambres du Parlement troublaient le ciel.

C'était un nocturne selon le cœur de Whistler, et Jones, en le regardant, ressentit pour la première fois la magie de cette merveilleuse ville à moitié révélée avec ses millions d'yeux jaunes. Il passa plus loin, traversa sur la rive droite et trouva le Strand. Ici, dans un bar, et pour le prix d'une demi-pinte de bière, il resta assis pendant une vingtaine de minutes à surveiller les clients et à tuer le Temps, puis, avec sa richesse matérielle réduite à huit pence, il s'éloigna vers l'ouest, passant le Savoy et s'arrêtant. un instant pour jeter un coup d'œil sous la grande arcade de l'hôtel gaiement éclairé.

À minuit, il s'était dirigé vers le talus et avait trouvé un siège peu bondé.

Ici, il rencontra un gentleman, abandonné comme lui, un individu à la parole libre, dont la conversation durait une heure.

CHAPITRE XXIX

LA VILLE DÉCLATÉE

La personne a déclaré après une demande de match : « Nuit chaude, mais il y a un changement de temps à venir, ou je me trompe lourdement. J'ai presque tout perdu au fil des changements de vie, mais il y a une chose que je n'ai pas perdue : mon baromètre, c'est mes rhumatismes. Il me prévient quand la pluie arrive aussi sûrement qu'un anéroïde. Londres est plutôt pleine pour cette période de l'année, vous ne trouvez pas ? »

"Oui", a déclaré Jones, "je pense que oui."

Ils parlèrent, le monsieur au baromètre passant de la météo à la politique, de la politique à la haute finance, de la haute finance à lui-même. Il avait été avocat.

« Radié, comme vous le voyez, pour rien, sinon ce que font actuellement une centaine d'hommes. Il n'y a pas de justice dans le monde, sauf peut-être au Palais de Justice. Je ne fais pas partie de ceux qui pensent que la loi est une connerie, non, il y a beaucoup de bon sens dans la loi anglaise. Je ne parle pas de l'Incorporated Law Society qui m'a empêché de gagner ma vie, pour une erreur que n'importe quel homme pourrait commettre. Je parle des anciennes lois d'Angleterre telles qu'administrées par les juges de Sa Majesté ; étudiez-les, et vous serez étonné de leur bon sens et de leur justice. Je ne défends pas les avocats — je suis franc, voyez-vous — le rôle des avocats est de se tortiller et de contourner la vérité, de brouiller les preuves, de confondre les témoins et de défaire la justice. Je parle juste des lois.
« Connaissez-vous quelque chose des lois de la folie ? » demanda Jones.
"Quelque chose."
"J'avais un ami qui souffrait de troubles mentaux, deux médecins l'ont drogué et placé dans un asile. Il était tout à fait inoffensif."
"Qu'est-ce que tu veux dire par l'avoir dopé ?" demanda l'autre.
"Je lui ai donné un médicament pour le calmer, puis je l'ai emmené dans une automobile."
"Y avait-il de l'argent en jeu?"
« Vous pouvez dire que oui. Il valait un million.
« Quelqu'un pourrait-il bénéficier de son emprisonnement ? »
« Eh bien, j'imagine qu'on pourrait en faire un cas ; la famille aurait la gestion du million, n'est-ce pas ?
« Tout dépend, mais il y a une chose sûre : tout avocat avisé aurait un dossier colossal à traiter si le plaignant n'était pas trop avancé dans son esprit pour plaider. Quoi qu'il en soit, les drogues sont inacceptables — tout cela semble louche.

« Supposons qu'il s'échappe », a déclaré Jones. « Pourraient-ils le reprendre de force ?

« C'est une question difficile à répondre. S'il découpait des brillants, ce serait facile, mais s'il était assez intelligent pour faire semblant d'être sain d'esprit, cela pourrait être difficile. N'est-ce pas, il faudrait l'arrêter, aucun homme ne peut monter arrêter un autre homme dans la rue et lui dire : Tu es fou, viens avec moi, tout simplement parce que, même s'il détient un certificat de folie contre l'autre homme l'autre homme pourrait dire que tu as fait une erreur, je ne suis pas la personne que tu veux. Il s'agirait alors de prêter serment devant un magistrat. Les bonnes vieilles lois d'Angleterre sont très strictes quant à la liberté du corps et au droit de l'individu d'être entendu pour sa propre défense. Si votre fou n'était pas trop fou et qu'il se réfugiait chez un ami, et que cet ami le soutenait, cela rendrait les choses encore plus difficiles.

« S'il se réfugiait dans sa propre maison ?

« Oh, cela rendrait la chose encore plus difficile, bien plus encore. Si, bien sûr, il ne se comportait pas d'une manière préjudiciable à la paix publique, en tirant des coups de feu par les fenêtres, etc. Les lois anglaises sont très strictes concernant l'entrée dans la maison d'un homme. Bien sûr, si les poursuivants se présentaient devant un magistrat et juraient que la personne poursuivie était un fou dangereux, alors un droit de perquisition et d'entrée pourrait être obtenu, mais la charge de la preuve incomberait aux poursuivants. Or, les aliénés pauvres sont très faciles à traiter : l'officier de relève, sur la base d'un certificat de folie, peut se rendre dans la maison ou dans l'immeuble du pauvre homme et l'emmener, car, voyez-vous, l'homme ne possédant aucun bien, il est censé qu'aucun homme ne s'intéresse à son internement, mais qu'une fois l'élément de propriété introduit, il y a le diable à payer, surtout dans les cas où le fou n'est qu'excentrique et ne se présente pas au tribunal avec des pailles dans les cheveux, pour ainsi dire.

«Je te comprends», dit Jones. Il offrit des cigarettes, et bientôt le communicatif partit, après avoir emprunté quatre pence sur la base de ses conseils professionnels.

Le reste de cette nuit fut une très bonne imitation d'un cauchemar. Jones essaya successivement plusieurs sièges différents et réussit à marcher beaucoup. Dawn le retrouva sur le London Bridge, observant la naissance d'un autre jour parfait, mais sans enthousiasme.

Il était joyeux mais fatigué. L'idée que vers neuf heures il pourrait mettre la main sur huit mille livres lui donnait matière à sa gaieté. Il avait souvent lu des articles sur la joie de la vie en plein air et la liberté du clochard ; mais la vie en plein air à Londres, en y repensant, ne l'attirait pas. Il avait été bousculé à deux reprises par des policiers, et ses voisins d'à côté, après le départ du baromètre, étaient d'un type qui n'inspirait ni sympathie ni confiance.

Il entendit Big Ben sonner à six heures. Il lui restait encore trois heures devant lui, et il résolut de les parcourir à pied. Il se rendait en ville, puis revenait avec un appétit pour le petit-déjeuner.

Ayant pris cette résolution, il partit, traversant les rues désertes jusqu'à ce qu'il atteigne la Banque, puis continua jusqu'à atteindre Mile End Road.

Tout en marchant, il faisait des projets. Quand il avait retiré son argent, il prenait son petit-déjeuner dans un restaurant, il choisissait celui de Romanos, des œufs, du bacon et des saucisses, du café et des petits pains chauds seraient au *menu* . Puis il s'est demandé si celui de Romanos serait ouvert pour le petit-déjeuner ou s'il s'agissait d'un type de restaurant qui ne sert que des déjeuners et des dîners. Si c'était le cas, il pourrait alors prendre son petit-déjeuner à l'hôtel Charing Cross.

Ces considérations l'ont amené à faire un bon bout de chemin. Puis la Mile End Road l'a séduit, droite, d'apparence étrangère et vide au soleil. L'appareil météorologique de l'homme du Baromètre devait être en cause, car dans tout le ciel il n'y avait pas un nuage, ni le symptôme de l'arrivée d'un nuage.

Près des quais, une horloge au-dessus d'un pub indiquait sept heures et demie, et il jugea qu'il était temps de rentrer.

Il est revenu. La Mile End Road était encore déserte, la ville autour de la rive était dénuée de vie, Fleet Street était vide.

Pompéi n'était pas plus complètement morte que cette ville étrange aux vastes palais d'affaires, et le Strand ne montrait rien de la vie ou presque rien, tous les magasins étaient fermés bien qu'il soit maintenant près de neuf heures.

Quelque chose était arrivé à Londres, un fléau s'était abattu sur les habitants, la mort apparaissait partout, non vue mais évoquée. Des souvenirs égarés d'histoires étranges de HG Wells traversèrent l'esprit de Jones. Il se souvenait de la ville de Londres lorsque les Martiens en avaient fini avec elle, cette ville de mort, d'horreur, de soleil et de silence.

Puis, tout à coup, alors qu'il approchait du Palais de Justice, l'effroyable vérité lui vint à l'esprit.

Il s'est approché d'un policier en service dans un coin, un policier qui semblait submergé par le mesmérisme de la tristesse et du fléau général, un policier qui aurait pu être le noyau de béton bleu de la négation.

" Dites, officier, " dit Jones, " quel jour on est aujourd'hui ? "

« Dimanche », a déclaré le policier.

CHAPITRE XXX

UN HOMME JUSTE EN COLÈRE

Lorsque des objets sont empilés les uns sur les autres au-delà d'une certaine hauteur, ils s'effondrent généralement avec fracas.

Ce seul mot « dimanche » a été la goutte d'eau qui a fait déborder le vase pour Jones, balayant le petit-déjeuner, la banque et tout le reste ; venant s'ajouter aux événements des dernières vingt-quatre heures, elle ruina sa complaisance mentale, ruine d'où jaillissaient des jets de colère enflammés.

Une rage rouge l'envahit. On s'était moqué de lui, tout le monde était contre lui. Eh bien, il mordrait. Il frapperait. Il attaquerait, insouciant de tout, insouciant de tout.

Un taxi à l'air hypnotisé, rampant de l'autre côté du chemin, a heureusement attiré son attention.

"Je vais faire du foin!" s'écria Jones en traversant la rue en courant. Il a arrêté le taxi.

« 10A, Carlton House Terrace », a-t-il crié au chauffeur. Il entra et ferma la porte avec fracas.

Il descendit à Carlton House Terrace, monta les marches du 10A et sonna.

La porte a été ouverte par l'homme qui avait aidé à éjecter Spicer. Il ne parut pas du tout surpris de voir Jones.

"Payez ce taxi", a déclaré Jones.

"Oui, mon Seigneur", répondit le larbin.

Jones se tourna vers la salle du petit-déjeuner. La légère odeur de café le reçut à la porte alors qu'il l'ouvrait. Il n'y avait aucun domestique dans la pièce. Seule une femme déjeunant tranquillement avec la Vie de Saint Thomas à Kempis dans son assiette.

C'était Venetia Birdbrook.

Elle se leva à moitié de sa chaise lorsqu'elle aperçut Jones. Il a fermé la porte. La vue de Venetia lui fit un effet presque aussi néfaste que le mot « dimanche ».

"Que faites-vous ici?" a-t-il dit. « Je sais : vous et les autres m'avez fait enfermer dans un asile de fous ; maintenant vous avez pris possession de la maison.

Venetia était plutôt calme.

« Puisque la maison n'est pas à vous, dit-elle, je ne vois pas en quoi ma présence ici vous affecte. Nous connaissons la vérité. Le Dr Simms est arrivé à la conclusion que vos aveux étaient au moins fondés sur la vérité. Que vous êtes ce que vous avez proclamé être, un homme nommé Jones. On pensait que tu étais fou, on voit maintenant que tu es un imposteur. Veuillez quitter cette maison ou j'appellerai un policier.

L'esprit de Jones a perdu tout son enthousiasme. La haine peut aussi bien refroidir qu'enflammer et il détestait Venetia et tous ses biens, y compris sa mère douairière et son oncle le duc, avec une haine bien fondée sur la raison et les faits. Toute sa peur des perturbations mentales s'il continuait à jouer le rôle de Rochester avait disparu, les feux de la tribulation les avaient purgés.

«Je ne sais pas de quoi vous parlez», dit-il. « Vous voulez dire la blague que je vous ai fait à tous ? Je suis le comte de Rochester, c'est ma maison et je vous demande de la quitter. Ne parle pas. Je sais ce que tu vas dire. Vous et votre famille ferez ceci et vous ferez cela. Vous ne ferez rien. Même si j'étais un imposteur, tu n'oserais rien faire. Votre linge familial est bien trop sale pour être exposé en public.

« Si j'étais un imposteur, qui peut dire que je n'ai pas joué un jeu honorable ? J'ai récupéré des biens de valeur : les ai-je touchés et emportés ? Ai-je exposé au public une affaire qui aurait fait scandale ? Vous ne ferez rien et vous le savez. Vous n'avez même pas osé raconter ce qui s'est passé aux domestiques, car le domestique qui m'a fait entrer n'a pas été du tout surpris. Maintenant, si vous avez fini votre petit-déjeuner, pourriez-vous gentiment quitter ma maison ?

Venetia se leva et prit son livre.

« *Votre* maison », dit-elle.

« Oui, ma maison. A partir de ce jour, ma maison. Mais ce n'est pas tout. Demain, je ferai travailler des avocats et j'obtiendrai de la part de vous tous des excuses aussi grandes que des maisons, sinon je poursuivrai en justice. Il se mettait en colère, « vous poursuive pour m'avoir dopé ». Il se souvient du conseil de l'homme du Baromètre : "me doper pour mettre la main sur ce million d'argent".

Il est allé à la cloche et a sonné.

« Nous ne voulons pas de scène devant les domestiques », dit précipitamment Venetia.

"Alors veuillez y aller", dit Jones, "ou vous aurez un panorama parfait devant les serviteurs."

Un domestique entra.

«Envoyez Church ici», dit Jones. Il tremblait comme un chien furieux.

Il avait toute la situation en main. Il avait raconté son histoire et s'était comporté comme un homme honorable, les imbéciles ne l'avaient pas cru et l'avaient dopé. Ils avaient flairé la vérité mais ils n'osaient rien faire. Mulhausen et la mine retrouvée, les lettres de Plinlimon, le passé de Rochester, tout cela était ses bastions, sans parler du suicide de Rochester.

La peur de la publicité les tenait dans un étau. Même s'ils allaient en Amérique et prouvaient qu'un homme appelé Jones exactement comme le comte de Rochester avait vécu à Philadelphie, allaient en Savoie et prouvaient qu'un homme exactement comme le comte de Rochester avait vécu là-bas, produisaient les vêtements qu'il était venu à la maison cette nuit-là – tout cela les mènerait, où – à une action en justice.

Ils ne pouvaient pas l'arrêter comme imposteur avant d'avoir prouvé qu'il était un imposteur. Pour le prouver, il leur faudrait retourner l'histoire familiale devant un public bouche bée.

M. Church est entré.

« Église », a déclaré Jones, « j'ai fait une farce à–à mon peuple. J'ai rencontré un homme appelé Jones au Savoy - eh bien, nous n'avons pas besoin d'entrer dans les détails, il me ressemblait beaucoup, et j'ai dit à mes gens pour plaisanter que j'étais Jones. Les imbéciles pensaient que j'étais fou. Ils ont appelé deux médecins, m'ont drogué et m'ont emmené quelque part. Je suis sorti et me voilà de retour. Que penses-tu de cela?"

« Eh bien, mon Seigneur, » dit Church, « si je peux vous le dire, ces plaisanteries pratiques sont des choses dangereuses à jouer... Lord Langwathby... »

« Était-il ici ?

"Il est venu hier soir, monseigneur, pour avoir une explication personnelle au sujet d'un télégramme que vous lui avez envoyé, il y a quelque temps, pour plaisanter, l'emmenant à Cumberland."
"Je n'en jouerai jamais un autre", a déclaré Jones. « Dis-leur de m'apporter un petit-déjeuner, et écoute, Church, j'ai dit à ma sœur de quitter la maison immédiatement. Je ne veux plus d'elle ici. Veillez à ce que ses bagages soient descendus immédiatement.
"Oui mon Seigneur."
« Et voyez ici, Church, ne laissez personne entrer. Lord Langwathby, ou n'importe qui d'autre. Je veux un peu de paix. À propos, faites venir un taxi et prévenez-moi quand les bagages de ma sœur seront déposés.

Au milieu du petit-déjeuner, Church entra pour annoncer que Miss Birdbrook partait et Jones entra dans le hall pour vérifier le fait.
Venetia avait apporté un sac de voyage en peau de crocodile et une malle. Ceux-ci étaient transportés vers un taxi.
Pas un mot ne dit-elle pour soulager son indignation. La crainte d'une « scène devant les domestiques » la faisait taire.

CHAPITRE XXXI

IL SE TROUVE

Ce soir-là, à neuf heures, Jones était assis dans le fumoir et écrivait. Il avait confié à Church une mission importante de l'issue de laquelle dépendait tout son avenir.

Si vous revoyez son histoire, comme il la racontait lui-même maintenant, vous verrez que, malgré une forte volonté et un esprit prompt à agir, la liberté de sa volonté avait toujours été entravée par les circonstances.

Dès le début, les circonstances avaient déterminé qu'il devait être un Seigneur.

Je laisse aux philosophes le soin de déterminer ce qu'est la Circonstance. Je peux seulement dire que, d'après une bonne connaissance de la vie, les circonstances me semblent plus qu'un événement fortuit. Qui ne connaît pas l'homme intègre et compétent, l'homme destiné à la présidence ou à la chaire du Collège, qui reste dans une fonction toute sa vie ? La chance est en quelque sorte contre lui. Ou l'homme qui, commençant dans la vie avec tout contre lui, arrive, non pas en rampant, mais à pas de géant.

Je ne souhaite pas jeter une ombre sur l'effort individuel ; Je dis seulement ceci : si jamais vous trouvez la Circonstance, dont l'autre nom est Fortune, compatissant pour vous pour faire de vous un seigneur, ne vous inquiétez pas, car lorsque la Fortune s'intéresse à un homme, elle est rusée comme une femme. C'est une femme en fait.

À neuf heures et demie, on frappa à la porte. Il a été ouvert par Church, qui a accueilli Teresa, comtesse de Rochester.

Jones se leva de sa chaise, Church ferma la porte et ils se retrouvèrent seuls face à face.

La fille ne s'est pas assise. Elle se tenait debout, tenant le dossier d'une chaise et regardant l'homme devant elle. Elle avait l'air effrayée, hébétée, comme une personne soudainement réveillée de son sommeil, dans un endroit étrange.

Jones le comprit immédiatement.

« Vous avez deviné la vérité, dit-il, que je ne suis pas votre mari.

«Je l'ai su, répondit-elle, quand tu nous as dit dans le salon... Les autres te croyaient fou. Je savais que tu disais la vérité.

"C'est pour ça que tu as couru hors de la pièce."

"Oui; qu'as-tu à dire de plus ?

« J'ai bien plus à dire ; ne veux-tu pas t'asseoir ?

Elle s'assit sur le bord d'une chaise, croisa les mains et continua de le regarder avec cette expression effrayée et traquée.

"Je veux juste dire ceci", a déclaré Jones. « Dès le début, tout au long de cette activité, j'ai essayé de jouer un jeu direct. Je peux deviner à ton visage que tu me crains comme si j'étais quelque chose d'horrible. Je ne vous en veux pas. Je vous demande de m'écouter.

« Votre mari a profité de deux faits : le fait que je suis son image jumelle, comme il l'appelait, et le fait que j'étais temporairement sans argent et bloquée à Londres. Je ne suis pas un ivrogne, mais cette nuit-là, je suis tombé sous l'influence d'une boisson forte. Il en a profité pour me renvoyer chez lui comme lui. Je vais dire une vilaine chose ; ce n'était pas l'action d'un gentleman.

La fille grimaça.

« Jamais, reprit Jones, je ne dirais rien contre un homme mort, et pourtant je suis obligé de vous dire la vérité, afin que vous puissiez voir cet homme tel qu'il était... attendez.

Il est allé au bureau et a sorti quelques papiers. Il lui en tendit un. Elle a lu le contenu :

« Tenez-vous-y, si vous le pouvez. Vous verrez pourquoi je n'ai pas pu .

« ROCHESTER .»

"C'est l'écriture de votre mari?"

"Oui."

« Maintenant, réfléchissez un instant à son acte à votre égard. Il m'a renvoyé chez moi, moi, un étranger, sans jamais penser à toi.

Son souffle s'étrangla.

« Quant à moi, poursuivit Jones, dès le premier instant où je vous ai vu, j'ai pensé à vous et à votre bien-être. J'ai raconté mon histoire pour vous, afin que les choses s'éclaircissent, et on m'a mis dans un asile pour mes douleurs. Je me suis échappé, je suis là et je dis tout cela pour vous. Est-ce que cela me fait plaisir de vous montrer le caractère de votre mari ? Je préférerais me couper la main droite, mais cela ne vous aiderait pas. Vous devez le savoir, sinon je ne pourrai pas m'en sortir. Lisez-les.

Il lui remit les lettres de Plinlimon.

Elle les lisait attentivement. Pendant qu'elle le faisait, il s'assit et attendit.

«Ceux-ci ont été écrits il y a deux ans», dit-elle d'une voix triste en les repliant, «un an après notre mariage.»

C'est le ton de sa voix qui l'a fait : alors qu'elle lui rendait les lettres, elle vit que ses yeux étaient remplis de larmes.

Il les remit dans le bureau sans rien dire. Il avait le sentiment d'avoir encore frappé des innocents, et de la manière la plus cruelle.

Puis il revint à la chaise sur laquelle il était assis et se tint le dossier.

« Vous voyez comment nous sommes tous deux placés, dit-il. « Pour prouver la mort de votre mari, il faudrait fouiller toutes mes affaires. Cela ne me dérange pas, parce que j'ai agi honnêtement, mais cela vous dérangerait. Le fait de son suicide, le fait qu'il m'ait renvoyé chez moi, tout cela vous frapperait encore et encore. Pourtant, regardez votre position : je ne sais pas ce que nous devons faire. Si je pars et retourne aux États-Unis, je te laisse devant le monde comme l'épouse d'un homme encore vivant qui t'a abandonné, si je reste et continue d'être comte de Rochester, tu es liée à un fantôme.

Il arpentait la pièce, tête baissée, aux prises avec un problème insoluble, tandis qu'elle restait assise à le regarder.

"Qu'est-ce qui est le plus simple à faire pour vous?" demanda-t-elle.

« Oh ! moi, dit-il ; « Je ne pense pas à moi – retour aux États-Unis, bien sûr, mais c'est hors de question – il y a beaucoup de choses faciles à faire, mais quand mon cas entre en contact avec le vôtre, il n'y a rien de facile à faire. Pensez-vous que c'était facile pour moi de partir ce soir-là et de vous laisser m'attendre, avec le sentiment que vous me preniez pour une mouffette ? Non, ce n'était pas facile.

Elle était restée assise très calmement et immobile jusqu'à présent, puis soudain elle a baissé les yeux. Elle fondit en larmes.

«Oh», s'écria-t-elle, «pourquoi n'étais-tu pas lui, s'il avait été toi. Il ne se souciait pas de moi, et pourtant je l'aimais… toi… tu… »

«Je ne me soucie de rien d'autre que de vous», dit-il.

Elle frissonna de partout et détourna la tête.

« C'est là le problème en ce qui me concerne », a-t-il poursuivi. "Je ne peux pas m'échapper sans te blesser, ainsi que moi-même, mais je ne m'étonne pas que tu me détestes."

Elle tourna son visage vers lui, il était rouge et humide.

«Je ne vous déteste pas», dit-elle; "Tu es le seul homme que j'ai jamais rencontré - altruiste."

« Non, » dit-il, « je suis égoïste. C'est juste parce que je t'aime que je pense à toi plus qu'à moi, et je t'aime parce que tu es bon et doux. Je ne pouvais pas te faire du mal juste à cause de ça. Si tu étais une autre femme, je ne me soucierais pas de toi. Je serais assez cruel, je pense, et partir, vous laisser attaché et retourner aux États-Unis – mais vous êtes vous, et c'est mon problème. Je ne savais pas jusqu'à présent comment j'étais lié à toi ; hier à cet asile et toute la nuit dernière je n'ai pas pensé à toi. Ma seule pensée était de m'enfuir. Je suis venu ici aujourd'hui, poussé par le manque d'argent. J'étais tellement en colère contre toute cette affaire que j'ai décidé de continuer à être Rochester. Puis vous m'êtes venu à l'esprit et j'ai envoyé Church pour vous demander de venir me voir. Cela a fait beaucoup de bien.

«Je ne sais pas», dit-elle.

Il la regarda rapidement. Son regard tomba.

L'instant d'après, il était à côté d'elle, agenouillé et lui tenant la main.

Pendant un instant, ils ne dirent pas un mot. Puis il parla comme pour répondre à des questions.

« Nous pouvons nous marier… Oh, cela ne me dérange pas de continuer à être comte de Rochester. Il y a eu des moments où je pensais que j'allais craquer, mais maintenant que vous connaissez la vérité, je pense que je peux continuer à faire semblant. Les gens peuvent célébrer la cérémonie de mariage deux fois – bien sûr, il faudrait qu'elle soit privée – je ne peux pas penser que cela soit vrai – je ne crois pas que vous puissiez jamais vous soucier de moi – je ne sais pas, peut-être que vous le ferez… est-ce que vous vous souciez le moins du monde de moi ? Je crois que je suis à moitié fou, mais dites… quand avez-vous commencé à m'aimer pour moi ? était-ce seulement parce que vous pensiez que j'étais altruiste ? était-ce… »

"Si je t'aime bien," dit-elle avec un petit pincement dans la voix, "c'est peut-être cette… nuit-là…"

"Quelle nuit?"

« La nuit où vous avez frappé… »

"Le Russe… mais tu pensais que j'étais *lui* alors."

"Peut-être", dit-elle rêveusement, "mais je pensais que cela ne lui ressemblait pas, tu comprends?"

"Je ne sais pas. Je ne comprends rien sinon que je dois toujours prendre soin de toi, m'adorer, m'allonger pour que tu puisses les piétiner.

« Bonne nuit », dit-elle enfin.

Elle était debout, se préparant à partir. « La famille connaît la vérité, au moins elle est sûre de la vérité, mais, comme vous le dites, elle ne peut rien faire. Imaginez leurs sentiments lorsque je leur dirai ce sur quoi nous sommes convenus ! Avec moi à vos côtés, ils sont absolument impuissants.

Il n'existe heureusement aucune loi qui empêche deux personnes mariées de se remarier en privé ; les bons vieux avocats d'Angleterre estimaient sans doute qu'un homme ayant subi une fois la cérémonie penserait que cela suffisait.

Tout ce que je vous ai raconté s'est produit il y a quelques années, des années marquées par des discours très pratiques et brillants à la Chambre des Lords et par la mort de l'hon. Venetia Birdbrook à cause d'une maladie du foie. C'est une histoire étrange, mais pas plus étrange que le visage de la comtesse douairière de Rochester lorsqu'elle lit en privé toutes les belles choses élogieuses que les journaux ont à dire sur son fils.